ちくま新書

図書館に訊け！

井上真琴
Inoue Makoto

486

図書館に訊け！【目次】

第4章　どうやって資料にたどりつくのか⑵　119

はじめに

†図書館は永久に未知の国

図書館。誰もが知ってる未知の国。

これは、『図書館読本』(本の雑誌社、二〇〇〇)の帯コピーから引用したものだ。それにしても、これほど図書館をうまく表現したことばも珍しい。いい得て妙とはこのことだ。たしかに誰でも図書館という存在を知っている。そして利用もできる。しかし、十分に図書館の本質を知り、機能を活用できているかと問われれば、疑問符がついてしまうのではないだろうか。

正直いって、そこで禄を食《は》む図書館員ですら、おのが身を利用者に置きかえて考えてみた場合、自信はさっぱりない。むしろ、利用者から質問を受けて「おお、こんな資料を自分の勤める図書館は持っていたのか!」とか「そんな賢い活用法があったか。利用者畏るべし——」と感じるのが常日頃である。それだけ図書館の世界は奥が深い、といえるのだ。

ふつう、利用者は図書館で本を借りたり、参照したりして利用体験を重ねていく。そして、ある程度馴れてしまうとそれで自己満足に陥ってしまう。

図書館の怖いところは、利用者の関心やレベルに応じて、その相貌と機能を変えるところにある。このため、自分は十分利用できていると自認していても、知らず知らずのうちに稚拙な利用法で終わっていたりする。自分が成長しない限り、相手も変わってはくれないのだ。

蟹が己の甲羅に似せて穴を掘るように、人は自分の身の丈にあわせてしか図書館を利用できない。その一方で、図書館も購入資料の増加や新たな機器の導入でますます進化している。

入口は容易に通過できるが、出口は永久にみつからない。免許皆伝はとうていありえない。図書館の世界、資料の世界は懐が深いのである。だから逆に落胆することも身構える必要もない。図書館とは、永久に「未知の国」から「悉知《しっち》の国」となることのない深遠な存在なのだから。

†誰だって使いこなすのは難しい

「いやあ、もうガックリきたよ。僕は図書館の世界で何十年と飯を喰ってきたから、図書館のことで困ることはないと思ってたんだ。しかし、退職後に『顧問』として就任した図書館を利用しようとしたら、求める本が探せないばかりか、目録もまともに使えずパニックに陥ったよ。何年図書館で仕事をしてきたのかと本当に淋しかった。しかし、一般の利用者には、もっと難しいのだろうなあ」

声の主は、元国立国会図書館員で大学教員を務める先生である。その昔、私が図書館司書の資格を取るために出席した最初の講義で、担当者だったその先生が放った第一声がこれであった。

くだんの先生は、戦後に設立直後の日本図書館学校（現在の慶應義塾大学文学部図書館・情報学専攻）を修了し、国立国会図書館に奉職して定年を迎えられた、〝図書館員の王道〟をゆく方であった。定年を機に出身地の京都に戻られ、当地の公共図書館の顧問に迎えられたのだが、その先生ですらこう語られたのだ。

だから、皆さんは図書館を利用するのに決して引け目を感じる必要はないし、臆してもいけない。また、図書館員に面倒をかけることをおそれ、遠慮することも禁物である。

考えてもみてほしい。図書館は人類の知的遺産を継承するために生き延びてきた文化制度であり、文化機構なのである。何百年、何千年とかけて資料を集積して運営されてきた歴史と伝統の息づいた機関なのである。そんなものが、すぐ利用できて理解できると思うほうが、神をも恐れぬ所業であり、傲慢な考えである。

まずは等身大のあなたのままで、体当たりしてみればそれで十分なのである。背伸びする必要はない。自分の成長に応じて図書館は応えてくれる。どのレベルの利用者にも、門は開かれている。

がっぷり「相四つ《あいよ》」に組めるまでは、それ相応の慣れと努力の期間がいるのだ。一気にやろうとせず、少しずつ利用の機会を増やし、利用法を上達させていけばそれでよい。

本書は、そのための手ほどきをする「極私的、図書館利用テクニック」紹介本であり、主に図書館で調べものをして、勉強や研究、仕事に役立てたい人のための「図書館初級読本」である。

上達のキーワードは、図書館の提供する資料自身に「訊く」、図書館員に「訊く」、図書館のネットワークを通じて「訊く」、つまり「訊く」ということである。内容は、私が大学図書館を利用しながら、また、そこで働きながら覚えた方法と知識の棚卸しなのだ（なお、本文の写真は、特にことわりがない場合、同志社大学図書館の所蔵資料・施設・発行物を撮影したものである）。

あなたの目の前には広大無辺の学術資料・学術情報の地平が広がっている。この本が、そうした世界への「橋と扉」になれば、望外の幸せである。

第1章

図書館の正体と図書館への招待

利用者の資料探索風景

1　図書館がゴーマンな理由

†図書館はゴーマンか

「図書館はゴーマンだ」と口にする人がいる。読者のなかにも同様の心証をもつ人が少なくないのではなかろうか。

私と同世代の友人たちからよく耳にするのは、カウンターにいる図書館員に尊大な態度で臨まれた経験があるとか、小バカにされた体験があるといったことが多い。

私自身はあまり腹立たしい体験はないが、それでもやはり図書館はゴーマンだと思うことが多い。その理由は、書架の本は図書館の流儀で並べてあるし、本の背中に貼付されたラベルに見知らぬ記号や数字が記入されているし、本と雑誌が別々に管理されているなど、図書館の仕組みが簡単には理解しかねるものだからである。つまり、図書館側の論理ですべてが「仕切られている」のがゴーマンと感じる原因なのだ。

例をあげると、図書館員が発する専門用語。「分類は調べてみましたか?」「請求記号は間違っていませんか?」「うーむ。これは書誌事項を再度確認したほうがよさそうですね」。

こう言われても何やら得体が知れないし、言葉の雰囲気に幻惑される。

私たちが本の世界をまったく知らないのであれば、これほどの違和感は抱かないだろう。逆に小さい頃から本の存在に慣れ親しんでいる分、本に対する取り扱いの流儀が異なることに反発してしまうのだと思う。

当然ながら、図書館の本の並べ方は自宅での本の並べ方とは違う。自分の本棚には関連性が高いと考えて隣同士に並べている本も、図書館ではとんでもなく離れた位置にある書架に納められていたりする。

雑誌にしても、最新号はタイトルのABC順や五十音順に表紙をみせて並べられているが、古い号は「請求記号」をみて書庫の奥から出してきてもらわないといけない。いったいどうなっているのだろう。利用者からすれば「?」の連続ではないだろうか。

実は図書館のゴーマンさには二種類存在している。ひとつは図書館員の態度がゴーマンだというのと(決してそうではないのだが)、もう一つは図書館の運営そのものが必然的に図書館側の論理で組み立てられていることに起因するゴーマンさである。前者は簡単に矯正できるが、後者の方は難しい問題を孕《はら》んでいるのだ。

†図書館はギルドな世界か

　書物を取りまく現状を分析した『だれが「本」を殺すのか』（プレジデント社、二〇〇一）が数年前に評判となった。著者の佐野眞一氏は、執筆にあたって出版社や編集者、取次、書店、図書館など本をめぐる人・組織を取材したが、「図書館が一番ギルドっぽかった。特殊な用語がまかり通っているし、理解させようという努力が感じられない。プレゼンスが弱いんです」（ライブラリーマネジメント研究会編著『都立図書館は進化する有機体である』ひつじ書房、二〇〇三）と述べている。まことにこれは、偽らざる感想なのであろう。

　そもそも図書館には、ギルドになりがちな理由がある。

　かつて社会学者・加藤秀俊氏は、人が図書館を上手に利用できないのは「怠惰によるものではなく、無知によるものだ。無知なのもあたりまえで、誰もかれらに図書館の使い方を教えてくれていないのである」（加藤秀俊著『取材学』中央公論社、一九七五）と論じた。

　そして、「図書館学という学問があって、いくつかの大学にはそういう名まえの講座も設置されてはいる。だが図書館学というのは、図書館ではたらく人びと、とりわけ司書のための学問であって、それはかならずしも図書館の使用者のための学問ではない」とも喝破する。これは、いまでも真実だと思う。

このためどうなるか。図書館員はまるで管理を任された「お代官様」になってしまい、利用者は「お代官さまぁ、どうか使わせてくだせえませ〜っ。お慈悲でごぜえますだあ」と叫ばざるを得なくなってしまうのだ。

私も学生時代から図書館に対して同様の想いを持ち続けていた。図書館のゴーマンな感じや違和感はどこからくるのか——。

これを知るには図書館内部に潜りこみ、そこで営まれる舞台裏・楽屋裏を見届ける必要がある。「敵を知り、己を知らば百戦危うからず」というではないか。まず図書館がどのような仕組みになっているか、敵情視察には司書となって図書館に潜伏するのがいちばんだ。

突如として司書となる勉強を始め、みずから利用者から放たれた「図書館のスパイ」「図書館の隠密」と言い聞かせて、これまで大学図書館に勤務してきたというわけだ。

†教えられない「利用のための文法」

何をやるにも最低限のきまりがあるのが、世の中のしきたりというものだ。図書館も例外ではなく、「利用のための文法」が存在する。

元国語担当の高校教師だった作家・北村薫氏は、彼の小説のなかで、古文の授業にことよせて文法の重要性を次のように訴える。

「文法やらなくっても読めるっていうのは正解だよ。だけど、そいつはよっぽどセンスと力とやる気のある人がいう台詞なんだ。凡人はな、文法をやった方がよっぽど楽なんだ。特急券なんだよ。苦労の末につかむ筈の法則を、最初にぽんと教えてもらえるんだから」

(北村薫著『スキップ』新潮社、一九九五)

これはまさに至言というほかはない。図書館を上手に使うにも、同様に少しの努力と決まりごとを覚えることが求められる。

いちばん問題なのは、最低限の「利用のための文法」が、図書館・情報学の講義を除けば、大学のカリキュラムのどこにも教えられていないということだ。文献探索や資料の利用法という「文法」を正課の授業で習うことは稀である。

にもかかわらず、図書館側はその「文法」を利用者が理解していることを前提に運営されている。これこそが違和感の起ち現れる原因であり、「ゴーマンかましている」ところなのである。

こう言うと、次のような声が聞こえてきそうだ。

「そんなものは、先輩が利用しているのを見よう見まねで覚えるものだ」とか「図書館の利用法は、教えてもらうのではなく、職人の弟子が親方の技を盗むようにして身につけるものだ」と、求道者《ぐどうしゃ》精神にあふれた優等生発言をする向きもあろう。
しかし、できれば楽をして、もっと内容のある学習や研究にエネルギーを注ぎたいではないか。そのために、図書館遊泳の最低限の約束事を無理をせずに覚えてみよう、というのが本書の意図するところなのである。

†図書館つかいこなし心得の条

さて、利用の文法の詳細は第2章以降で展開するとして、図書館を利用するにあたり心得ておくべきことがある。それは次の五ヶ条である。

(1) まずベースキャンプとなる図書館を決める

図書館の利用法をマスターするには、相応の時間と労力がいる。やたらいろいろな図書館へいくよりも、ベースキャンプとなる図書館をひとつ決めて、じっくり使い込むことが先決だ。これをホームライブラリーと呼ぼう。

ホームライブラリーは、皆さんが学生なら、大学のキャンパス内にあるはずだ。在籍する学生が学習し研究するための資料を集めているので、これ以上適した図書館はない。かかりつけの医者ならぬ、かかりつけの図書館を自明のごとく持てるわけだから、利用しない手はないのだ。

(2) 多様な資料の世界を知る　↓　第2章

次に実際に手にとって図書館の資料を見ることが大切である。図書館で森林浴ならぬ「資料浴」をすることだ。書店で売っている本しか知らないような初心者には、資料の種類と特性を知ることが利用上達の早道となる。特に重要なのは、灰色文献と呼ばれる資料類を認識すること、学術雑誌の存在を知ることだろう。高校までの学習では知らなかった資料の存在を知り、使いこなす段階へ進むことが大学での第一歩となるからだ。

(3) 目録の本質を知る　↓　第3章

資料や情報への窓口は目録である。しかし、目録を本当に読めている人は少ない。目録について理解を深めることは決して無駄ではなく、むしろ資料・情報に有効に接近するための鍵を握っているといっても過言ではない。目録に対して意識的に接することができれば、ものの認識能力まで変わってくるはずだ。

(4) レファレンス・ブックの利用を覚える　↓　第4章

「近頃の学生は、一般の図書と参考図書（以下、レファレンス・ブック）の違いがわからないのだから、まったく困るよ」とは昨今の大学教員の弁である。日本の学生は欧米の学生に比べて、レファレンス・ブックの使い方がひじょうに下手だと評価されているが、そもそもレファレンス・ブックが何を指すのか知らない人も多い。

あっさりいえば、百科事典に代表される、「全部読み通すのではなく必要に応じて参照する本」がレファレンス・ブックなのだ。

図書館には「参考図書室」「レファレンス・ルーム」と冠したスペースが存在する。別途にコーナーを設けてあるのは、一般の書棚に並んでいる本とは性格が異なるからだ。

このレファレンス・ブックを使いこなせるかどうかが、利用者の調べる能力を判定するリトマス試験紙の役割を果たすといってよい。いわば、探索力上達の特急券にあたるものだ。是非この機会にレファレンス・ブックの性質と利用の仕方を覚えてほしい。

(5)わからないことがあれば図書館員に訊く　→　第5章

どの図書館でも、レファレンス・サービスが展開されている。レファレンス・サービスとは、利用者の調べものをサポートするサービスをいう。図書館の文法を専門に学んだ図書館員が、それを知らない利用者と資料・情報との仲立ちをするために行っている人的資源サービスである。先の(2)(3)(4)が資料＝モノを利用するのに対し、レファレンス担当者＝ヒトを利用するサービスといえる。

欧米の情報探索の本には、「不明なことがあったら、図書館の司書、あるいはレファレンス・サービスにいって相談すること」とよく指示がある。近年の図書館では、この種の問題解決型のサービスに重点がおかれており、レファレンス・サービスをうまく自分の学習や研究に組み込むことが、高度な利用者になれるかどうかの分水嶺となる。

資料・情報を探索する世界で戦いぬくには、ボクサーがジムでトレーニングを欠かさないように、不断に探索の訓練が必要になる。そのとき、トレーナーやセコンドの役割を担ってくれるのが、レファレンス・サービス担当の図書館員なのだ。

利用法を教えてもらっていない利用者は、利用法や管理法を専門に学んだヒトを徹底的に活用すべきなのだ。ゴーマン側の人たちを逆手にとって自分の味方につける。これこそが図書館利用の醍醐味であり、使いこなすためのキーポイントといえよう。

†資料利用のモチベーション

さて、先の五ヶ条をこころえて図書館に足を運んだところでまだ十分ではない。そもそも資料や情報というものは、待っていても絶対に現れない。自分が能動的にアクセスの意思をみせたときに、むこうから自然と姿を現し始めるものなのだ。

そのことを証明するために、文化人類学者・山口昌男氏の傑作エッセイを紹介したい。「知の大食漢」と評される山口氏の資料探索力はつとに有名であるが、「なぜ、そんなにタイミングよく資料を探せるのですか」との問いに答えるため、次のようなエッセイを書かれている。やや長くなるが是非紹介しておきたい。

昔、麻布高校の教師をしていた頃、女たらしの生徒が一人居た。地方から出て来た生徒で、私が身元引き受け人のような立場にあった。下宿から女性を連れ込んで困るという苦情が何時も持ち込まれていた。（中略）「君は、どのようにして、それ程多くの女性と知り合えるのかね」「こういうものは、自分から探し求めるというのではなく、向こうから自分の気配を察して自然に寄って来るものなんですよ」「でも何か指標のようなものですね。そんなものがあるのではないの」「歩き方、爪の切り方、靴、服装のちょっとしたポイント、目だたない中に、お互いが一目でわかるものがあるのですよ」。所謂大人と子供の会話であった。勿論子供は私の方であった。

どうして、そのように的確に必要な古本が手に入るのかとよく訊ねられる。そのときには大体、昔の生徒の女性についての答えを換骨奪胎して答えることにしている。「こちらの気配を察して本が呼ぶのです。本も、書店の建物、気配、書棚の状況などを一目見て、この本屋には何かあるな、とこちらも気配を察する。そのうえで前に身を乗り出して来る本があるのです」と、さしずめ女性であればドン・ファンの口調であるが、相手が本であるからホン・ファンと言うのだろう。

（山口昌男「書店で面白い本を探すための私の方法」『クロワッサン』一九九〇年六月十日号）

この話は、図書館の利用にもそのまま応用できる。いつも素通りしてしまう書棚の前でも、何か自分が新たなテーマやモチベーションをこころに宿したとき、あなた自身もしらないうちにオーラを発している。その気配を感じて資料の方も前に乗り出してくるというわけだ。

資料や情報は、利用する人の人格や器量次第で有益にもなり、無益にもなる。すなわち「見巧者《みごうしゃ》」たることを求められるのだ。その意味で、資料や情報というものは、そこにただあるのではなく、誰かが発見する類のものといえるかもしれない。見る側に意思がなければ、見えないに違いない。

常に自分自身の鉱脈を鶴嘴《つるはし》で掘り当てようとするモチベーションを保持すること。このモチベーションの持ち方こそが、図書館利用の巧拙を決める最終的なポイントになることを忘れてはならない。

2 図書館の存在意味とはなんだろうか

ところで、最近の大学では図書館の存在は影が薄いという。図書館は既に学生に見放されているとのよからぬ噂もある。図書館を活用する学生は、在学生のほんの二〇%から三〇％を占めるに過ぎないとの調査報告もある。そこでまず、図書館の利用について語る前に、近頃頻発している由々しき事態について、読者とともに考えておきたい。

†インターネットに飛びつく人たち――図書館以前の問題①

先日ある教員から「レポートの課題を出すと、学生はまずインターネットの検索エンジンで検索します。関連するページが見つかると、それをコピー・アンド・ペーストして、目出たく一丁上がり。ウェブ上の情報を〝糊〟と〝鋏〟で加工して、図書館資料をかえりみない事態をどうみるつもりですか？」との指摘を受けた。

また、文学部教員から悲痛とも悲嘆とも受けとれる発言があった。「今年提出された学生の卒業論文で、インターネットで見つけた他人の論文を、半分以上盗用したものが見つかりました。卒業不可にするか、あるいはチャンスを与えて再度書き直しを命じるか、現在教授会で議論しております。図書館サイドでも、こうした事態を受けとめ、文献探索や資料の使い方を指導する体制を整え、資料や情報を利用する意味を理解させてほしい」と。

これらは、インターネットという「飛び道具」でネット上の情報源を検索し、断片情報のパッチワークでよしとした学生がおこした事件である。インターネットは確かに便利な道具だが、このような勉強の仕方は、相撲でいえば「禁じ手」なのである。

忙しい学生生活のなかでインターネットを使ってうまく遣りすごすのは、必要な「庇《かば》い手」だと主張する人もいるかもしれない。しかし大学教育の視点にたてば、それは手を抜くための弁解にすぎない。結局、断片情報のパッチワークには単位が認定されないか、再作成という「取直し」が命じられるだけである。

「ネットワーク環境の発達したユビキタスのご時世なのだから」とか「世は既に『労働価値説』の時代から『情報価値説』の時代。にもかかわらず、図書館へ身体を運ぶのですか？　先祖がえりはできかねます」と、開きなおる人もいよう。

確かにインターネットは利用しても全然悪くないし、むしろ利用できる方が望ましい。探索にあたって「見当」をつけたり、最新トピックを参照する程度には便利な道具である。

しかし、学術調査にとってインターネットは完全ではない。その理由の一つは、福田和也氏が指摘している通り、インターネット上の情報には校閲を経ていないものがひじょうに多いという点にある。校閲というのは、文書・原稿の字句を校正することのみをさすのではない。文書や原稿に書かれた内容の事実関係の「裏をとり」、また引用された文章を点検して、正誤・適否を確かめる。この校閲作業がない情報は信頼性が低い（福田和也著『ひと月百冊読み、三百枚書く私の方法②』PHPソフトウェア・グループ、二〇〇四）。つまり、事件の現場検証をする警察の鑑識作業にも似た作業が必要となるが、それが抜け落ちているというわけだ。

出版社で校閲作業に従事する編集者も同様のことをいう。インターネットの検索エンジンは調査の当たりをつけるのには便利だが、「そのあと実際の調べものは、まず各分野の参考図書から始めます。刊行された資料は即時性において劣りますが、一定の評価のある参考図書を用いることで、『質』は保証されます」（大道玲子「編集者として『読む』立場から」、杉田米行編『インターネットの効率的学術利用』成文社、二〇〇四）。現段階では、学術的な調査を行うならば、図書館の方がはるかに情報源として信頼できるのだろう（終章参照）。

それにしてもなぜ、インターネットで得られる情報だけではダメなのか。より深い答えは、図書館の存在意味を考えてみると自ずと明らかになる。そして図書館の存在意味を考察するには、他の類縁機関と比較をしてみるのがいちばんなのだ。

†新刊書店に群れる人たち——図書館以前の問題②

昨今何か調べものが必要になったとき、あるいはレポートを書く必要が生じたときには、新刊書店へ行っていくつか使えそうなものをみつくろって買ってくる学生が多いらしい。

鹿島茂著『勝つための論文の書き方』（文藝春秋、二〇〇三）でも、同様のことが言及されている。「資料を探してきなさいと言うと、たいていの学生は、とりあえず新刊本屋に行って、ジャンルのコーナーを見る。そして、何種類か関係のありそうな本があれば買ってくる、なければ、ありませんでしたと平気で手ぶらで戻ってくる」と語られているが、かこち顔なる鹿島先生の姿が目に浮かぶようである。

学生は、大学に入学するまで新刊書店でしか本や雑誌に触れないということがよく理解できる談話だ。それはさておき、インターネットの検索だけでこと足れりとする人たちと比較すると、かなり見どころのある人であるというべきだろう。

しかし、何かを調べるとき、レポートを書くとき、新刊書だけでことを済まそうとするのは、これはこれで危うい行為というほかない。

なぜか？

このことを図書館と書店を比較することで考えてみよう。書店といっても、おおきく分けて、新刊書店と古書店がある。まずは、新刊書店と図書館の比較である。

新刊書店の場合は、新しく出版された本や雑誌が並んでいるのが特徴だ。新刊のみならず、旧刊であっても現在市場に流通している資料で置けるもの（つまり売れ筋）は、新刊書店で手に入れることができる。だがこれが、おおきな弱点なのだ。

最大の弱点は、マーケットに流通している資料しか入手できないという点だ。

『出版年鑑　二〇〇四年版』（出版ニュース社、二〇〇四）によれば、二〇〇三年の書籍の年間発行点数は七万五千五百三十点にのぼる。しかし、それらのすべてが書店に並んでいるわけではない。

このあたりは書籍流通の仕組みの理解が必要だ。発行された新刊図書は日本の再販制・委託制に則り、取次から書店へと運ばれ並べられるが、通常、三ヶ月で売れないものは返品されてしまう。だから、限られた本しか置かれていないのが現実だ。

返品されて出版社の倉庫で眠ることになった本は、資産としての価値を評価されて、その結果税金が発生することになる。売れない、しかし倉庫のスペースはとる、税金はかかるという負の連鎖を断ち切るため、出版社は在庫本を断裁し、溶かして再生紙へと蘇生させる（永江朗著『ベストセラーだけが本である』筑摩書房、二〇〇三）。

こうした新刊書店の仕組みを考えれば、とうてい十分な資料が手にはいるとは考えがたい。偶然自分の要求に見合った本を見つけ出せることがあるかもしれないが、それは恣意的な探索としか呼べない。まだ他に重要な本があるかもしれないし、ある領域の必読文献といわれながら現在「品切れ」、もしくは「絶版」のタイトルも多いのだ。

後ほど紹介するように、出版流通にのらない非流通本といわれる書籍も多い。例えば個人でだされた私家版の書物、企業が記念に発行した社史、博物館や美術館の展覧会図録などは市販されているわけではない。

だから、あなたがトヨタ自動車を研究しようとして、新刊書店で片山修著『トヨタはいかにして「最強の車」をつくったか』（小学館、二〇〇二）という本を入手できても、トヨタ内部で編集したトヨタ自動車株式会社編『創造限りなく――トヨタ自動車の50年史』（トヨタ自動車、一九八七）は、実は図書館で手に取るしかないのだ。

なぜなら、書店にない本を調査して購入あるいは寄贈依頼をしているのは、図書館や研究機関に限られるからである。このため、新刊書店でこと足れりとするのは、ある意味で無謀というほかないのである。

†古書店に駆け込む人たち――図書館以前の問題③

もうひとつ有力な資料入手先が存在する。それは古書店である。

国民的作家、司馬遼太郎は特に古書店に対しては、「『古本は、男子一代の業ですよ』と、大学を出ようとしている青年に、その道に入ることをすすめたことがある。この道の達人の商品知識の広さと深さは、ときに若い学者もおよばない」（司馬遼太郎「古本の街のいまむかし」『古本』一五号）と常に最大限の賛辞をおくっていた。

実際に彼は、神田神保町の高山本店に依頼して、執筆テーマに関連する資料を探してもらい、トラック何台分という量の資料を購入していた伝説の持ち主だ。

「神保町の古書店は、古書も当然扱いますが、実は水準の高い『専門書店』を目標としています。だから新刊の図書も店には置いています。つまり、新刊から古書まで含めたある特定分野の専門書店を目指しているのです。国文学を研究している人なら、うちの書店にくると新刊書から絶版書、写本・古版本等の古典籍まで棚に並んでいるのを目にすることができます。源氏物語を例にとると、近世以前の源氏物語の注釈、近代以降の絶版本で学説史上必備のもの、そして昨日上梓された新刊図書の源氏物語研究書が、一堂に並んでいるのです」と、友人の八木書店・八木唯貴氏はいう。

よい古書店では、棚を眺めているだけで発見がある。棚にさしてある本自身が、新しい世界への扉をひらく一種の「索引」に見えてしようがないのは、私ひとりではあるまい。

しかし、こうした古書店にも弱点はある。確かに先にあげた例のように、専門資料について長年の商売で培った知識を以て売買していることは否定できまい。だが、それらは商品であるがゆえに、常に古書店に置かれているとは限らない。つまり、売れたら棚からなくなってしまう。必要な文献が必要な時にないこともある。

対して図書館は、利用者に貸出はしているが、あくまで図書館の所蔵物であるため一定期間ののちに戻ってくる。ということは、常に資料は所蔵されているのである。つまると

図表1　新刊書店・古書店・図書館の特徴

新刊書店	・新刊の本を扱う ・店頭スペースにおける本のみ（短期間で返品） ・非流通本は扱わない
古書店	・絶版の「古書」も、流通する「古本」も扱う ・非流通本も扱う ・常に商品在庫がある保証はない
図書館	・過去受入れた本は原則すべて保存している ・流通本も、非流通本も扱う ・目録と配架が組織化されている ・最新刊の提供に時間がかかる

ころ、評価され需要のある資料は、図書館に「常備」されているといってよいのだ。

†図書館の存在理由

ここまで、なぜネット情報を得ただけでよしとするのがいけないのか、なぜ新刊書店で入手した資料では足りないのか、なぜ古書店を頼るだけでは勉強にならないのかを述べてきた。

インターネットは最近の一部の情報しか示しえないし、「情報の門地」が信頼に足るかどうかの保証がない。見極めには、相当の知識量と判断力が要求される。出所が明確でないネット情報をつかって、レポートや論文を書くことほど学術的に危険なことはない。

また、新刊書店の場合は、最新の本は入手できるかもしれないが、現在新刊市場に流通している本や雑誌しか相手にしていない。だから、新刊書店のみを頼みにすると、調査対象分野の資料の収集において漏れが夥しいものになるだろう。

次に古書店の存在も考えてみた。特定の専門古書店の凄みはただものではない。その分野であれば、何を訊いても知っている店もある。しかし、あくまでビジネスであって、常に欲しい文献が在庫され、売りにでているとは限らない。

これに対し図書館では、限られた予算で最大限のコレクション構築を行うため、厳しい選択評価をくぐり抜けた資料を蓄積しており、品切れ・絶版になった本も保存されている。また通常世間に流通していない類の資料も館員の努力によって収集されているので、調べものをするには圧倒的に有利な存在なのだ。このことを読者の皆さんは決して忘れないでいていただきたい（図表1）。

†「童貞」ひとつを調べるにも……

卑近な例をみてみよう。最近評判となった本に、渋谷知美著『日本の童貞』（文藝春秋、二〇〇三）がある。戦前から戦後にかけての童貞イメージの変遷を追いながら、日本の近代の恋愛観、セックス観を探ることをモチーフにした本である。東京大学大学院教育学研究科に提出された修士論文に加筆修正したもので、辞書や雑誌記事を丁寧に調査した、勉強のお手本ともいえる内容だ。

読まれた方はお気づきと思うが、著者は徹底して「童貞」に関する記事・記録を追跡している。第四章「女の童貞、男の童貞――『童貞』という言葉の変遷」のなかで、「童貞」ということばがいつ辞書に現れ、社会的にどのように定義され認知されていったのかを追跡するために、「辞書における童貞定義の変遷」なる表を作成している（図表2）。

彼女は、明治期の有名な国語辞書『言海』をはじめ、『日本大辞典　言泉』『広辞林』『広辞苑』『岩波国語辞典』『新明解国語辞典』『日本国語大辞典』をつぶさに調べている。探索の結果、「管見のかぎり、『童貞』という言葉が使われたもっとも古い例は、一八七〇年代のものである。そこでの意味は『カトリック教で、尼僧の称』（『広辞苑』一九九八年刊）というものだ」と結論を導いている。

また彼女は、江戸時代の『波留麻和解《ハルマわげ》』（一七九六）、『和蘭字彙《オランダじい》』（一八五五～五八）、『仏語明要《ふつごめいよう》』（一八六四）、『附音挿図英和字彙』（一八七三）、『英和掌中字典』（一八七三）など、幕末～明治初期の蘭和辞典、仏和辞典、英和辞典にも、「童貞」という項目や訳語が「見あたらない」事実を丹念に追跡する。

おそらく図書館に籠もり、膨大な関連資料をひとつひとつ探索していったにちがいない。こうした調査が可能なのも、図書館が各時代の資料を蓄積して、いまに伝えているからこそである。彼女の調査内容ひとつをみても、図書館がいかに大切な文化基盤を形成して

図表2 『日本の童貞』における辞書使用の例
(渋谷知美著『日本の童貞』238頁より)

表4－1 辞書における童貞定義の変遷

	1 日本大辞典 言泉(大倉書店)	2 広辞林(三省堂)	3 広辞苑(岩波書店)
1898	ことはの泉 項目なし		
1907		辞林 項目なし	
1908	補遺 ことはの泉 項目なし		
1921	言泉 【名】未だ異性と接触せざること、又その者。		
1925		広辞林 婦人又は男子が幼時の純潔を保持し、未だ異性と交接せざること。	
1927	改修 言泉 【名】未だ異性と接触せざること、又その者。		
1934		広辞林 新訂版 婦人又は男子が已に長じて、尚ほ幼時の純潔を保持し、未だ異性と交接せざること。	
1935			辞苑(博文館) (名)婦人又は男子が純潔を保持し、未だ異性に接せぬこと。

いる組織であるか容易に理解できよう。

同じことを新刊書店を頼みに行うとしても、それは無理な相談だ。戦前の『広辞苑』や『広辞林』が、どこの新刊書店に売っているというのだ。古書店には、古い版の辞書も売っているが、自分が探している版があるとは限らない。これに対し、矜持をもった図書館であれば、各版をその都度収集し保存しているはずである。この点が図書館を利用することのメリットなのである。

もう一度まとめてみよう。例えば五十年後の人が、当世流行《はや》りの「援助交際」の濫觴《らんしょう》を調べようと思いたったとする。とすれば、私たちが現在生きているこの時代に出た辞書や新聞を遡って検分するよりほか方途がないのは容易に理解できるだろう。

時事用語を解説した『現代用語の基礎知識』(自由国民社)、『知恵蔵』(朝日新聞社)、『イミダス』(集英社)の二十世紀末から二十一世紀初頭にかけて発行されたものを、ひとつずつ繙《ひもと》く未来の利用者の姿が目に浮かぶではないか。

おそらく五十年後の社会に確実に『現代用語の基礎知識』『知恵蔵』『イミダス』を見出せるのは、図書館と名のつく機関だけであろう。フローとしての個別情報を得るには、お手軽にインターネットや新刊書店を利用することで対応できるかもしれないが、評価するストックとしての知識体系や事実は、図書館を利用しない限り明らかにできないのだ。

3 図書館にはいろんな種類がある

これまでの説明で、図書館が決して無用の長物でないことを納得いただけただろうか。

さて、ひとくちに図書館といっても、いくつかの館種が存在する。当然のことながら、館種に応じて機能が異なる。この節では、図書館の種別と特性について、少し考えをめぐらしてみたい。

なぜなら、館種の違いを認識して各館種の長所を掬《すく》いとることが、図書館の「利用巧者」となる道であるからだ。ここでは大学図書館の特性を中心に据えて、他の館種と比較しながら理解を深めたい。

†公共図書館

まず、「まちの図書館」と称される公共図書館がある。地域に住む住民に対して、趣味や娯楽を含むあらゆる資料要求に応えるサービスを展開する図書館である。というのも、地方自治体が住民の納める税金をもとに運営している図書館だからだ。徹底した住民サービスが展開されており、評判のベストセラーを借りることもできるし、ファッション雑誌や趣味の本、旅行ガイドなどもおかれている。住民の要求に応えようとする姿勢の徹底ぶりには頭が下がる。

このところ、「無料貸本屋」と揶揄され、特に著作権者から槍玉の対象とされて分が悪いが、住民への資料提供の理念を最もよく貫いているのが公共図書館だ。最近では、地域の中小企業の経営者や起業を志す人たちへの「ビジネス支援」も盛んになるなど、新しい展開が見られている。

†学校図書館

次に学校図書館について説明しなければならない。読者の皆さんは小学生・中学生・高校生時代に図書館を利用した経験を持っているのではないだろうか。学童・ヤングアダルトを対象にした教養的な読み物、学習補助となる資料を提供するために設置されているのが学校図書館である。そこには司書教諭・学校司書がおかれており、皆さんのなかにも指導を受けた経験を持つ人がいるだろう。

†専門図書館

意外に知られていない館種に専門図書館がある。企業や団体が設置している場合が多く、この種の図書館は実にバラエティに富んでいる。どれだけユニークな図書館があるかは、毎日ムック・アミューズ編『おもしろ図書館であそぶ――専門図書館142館完全ガイドブック』（毎日新聞社、二〇〇三）や専門図書館協議会・調査統計委員会編『専門情報機関総覧』（専門図書館協議会、二〇〇三）を参照していただきたい。

例えば、㈶味の素食の文化センター食の文化ライブラリーなど企業の研究所図書館、また交通博物館図書室など博物館・美術館併設の図書館があり、そこで収集される資料の内容と質はまさに餅は餅屋の観を呈している。

大学の中にも専門図書館がある。神戸大学附属図書館の震災文庫はその典型であろう。一九九五年一月十七日の阪神淡路大震災のあった直後に開設された文庫で、この時の震災に関する資料であれば、何でも収集する方針で運営されている。震災直後、被災者に対してインフルエンザの予防接種を周知するため配られた案内チラシから、小学生たちの震災の思い出を綴った記念作文集まで収集している。

†国立国会図書館

国立国会図書館は、いわずと知れた日本唯一の国立図書館である。しかし、皆さんにとって縁遠い図書館では決してない。たしかに国会の審議資料の準備や議員の依頼した調査を行う図書館ではある。しかし、日本で出版された本や雑誌類を遺漏なく集め保存する図書館として国民に開かれている。

活動内容や所蔵資料の詳細は、NDL入門編集委員会編『国立国会図書館入門』(三一書房、一九九八)を読んでもらい、最新情報は国立国会図書館のホームページ http://www.ndl.go.jp を参照してもらえばよい。近年の電子図書館政策の推進や登録利用者(個人)への郵送複写サービスの開始は賞賛に値しよう。

また、国立国会図書館は全国の図書館サポートを行っており、見えないところで私たちが恩恵を被っている事実をご存知だろうか。

大学図書館や、住んでいる市町村の公共図書館と国立国会図書館は密接につながっている。例えば、まちの図書館で受けるレファレンスの質問で手にあまるものは、国立国会図書館に頼めば代行で調査をしてくれる。また、条件つきながら図書も貸出してくれる。ただし、利用者が通う図書館への貸出であり、個人への貸出ではないが。

このように、さまざまなサポートを展開してくれる強い味方であるので、国立国会図書館など自分には関係のない図書館であると思い込まないようにしてほしい。

再び鹿島茂氏からの引用で恐縮だが、「大学の図書館と地域の公立図書館に行って本が見つからないと簡単にあきらめてしまう。県や市の中央図書館や国立国会図書館に行くということを知らない。さらにはジャンル別の専門的な図書館が存在するという事実も頭にはいっていないんです」（鹿島前掲書）とはならないようにしてもらいたいのだ。

†大学図書館

いよいよ大学図書館である。特性を一言でいうと、何よりも「調べ、書く」ための図書館であることにつきる。つまり、学生のレポートや論文を書く際の学習支援、教員の研究

図表3　図書館の種類と特徴

公共図書館	地域住民の興味や要求に直に応えるための図書館 ベストセラー小説や趣味の本も提供
学校図書館	小学校・中学校・高等学校の生徒を対象にした学習と人格形成のための図書館
大学図書館	大学の教育・研究を支援するための図書館 教育研究内容を反映　図書館間相互利用が盛ん
専門図書館	企業や研究機関に付属し特定領域に絞った資料を扱う 例）味の素食の文化ライブラリー、交通博物館図書室
国立国会図書館	国立国会図書館法に則り、国内刊行物を納本制度により受入　基本的に国会の援助が任務

支援を行うことを使命とする図書館なのだ。このため、いきおい提供資料は「学術情報」にシフトしたものとなる。

大学のカリキュラムに添った資料があること、重厚なレファレンス・サービスが受けられることなど利点は多いが、特徴的なのは大学図書館間の相互利用ネットワークが強固なことだ。

大学図書館における相互利用サービスの発達は、一般の人からすれば、まさに羨望の的、垂涎の的であろう。求める資料が自分の所属する大学になくても、ネットワークで結ばれた他大学に所蔵されていれば、直接現物資料を見にいく手配をしてくれる。所蔵館が遠方であれば、自館まで郵送してもらい現物を手にすることも可能だ（詳しくは第6章参照）。

このネットワークは国内にとどまらない。図書館が仲介者となって、全世界を相手に相互利用を展開しているのも大学図書館の特徴だ。ロシア国立図書館（旧レーニン図書館）、米国ハーバード大学やイェール大学からも続々と借用本が届く。文献の複写も、大英図書館をはじめ世界各国の図書館を相手に交渉してくれる。自分の所属する図書館を飛び越えて、世界の図書館を相手に勉強を行うようなものである（図表3）。

†学術研究の基本スタンス

大学図書館の存在意義をまとめると、学術研究を支援する図書館とひとくちでいえるが、その真意を理解するには学術研究の基本スタンスを知っておく必要がある。

学術研究を行うためには、学術的に評価された過去の業績からその養分を摂取したうえで、あらたな学問研究成果を生み出さねばならない。その目的に応じて運営が行われる図書館が大学図書館ということになる。

学術研究には、次の二つのことが重要事項となる。

(1)まず先行研究がないことを確認する

先端をいく学問研究（特に理科系の学問研究）では、誰よりも先に新しい研究成果を発表する必要がある。二〇〇二年の島津製作所・田中耕一氏のノーベル化学賞受賞の折にも話題になったとおりだ。実験で同じ検証結果を得ていても、先に発表した人に先取権がある。

このため世界の研究者は、我先にと先取権をめぐってしのぎを削っている。競争がいかに熾烈であるかは、ノーベル医学・生理学賞受賞者、利根川進氏を取材した立花隆著『精神と物質』（文藝春秋、一九九〇）を読めば明らかである。「サイエンスというのは、最初に発見した者だけが勝利者なんです。（中略）サイエンスでは二度目の発見なんて、意味がない」（利根川）とまで言い切る。

こうなると、自分が研究しているテーマが先に研究されていないかどうかを確かめる必要がある。それには関連する研究論文・学術論文を調査し、誰も研究していないことを見極める必要があるのだ。

(2) 研究のこれまでの最新成果・立脚点を把握する

新たに研究を始めるにしても、誰も鍬を入れていない未開の沃野ともいうべき研究テーマが簡単に転がっているわけではない。

何か仮説をたてようとするならば、これまで出ている成果のすべてに目を通し、その上に自分のオリジナリティを加味していくことが学問の始まりなのだ。そのために過去の業績や成果をストックしておき、利用者が参照できるようにしておくことが大学図書館の存在意味でもあるのだ。

私たちは、過去の学術的な成果を「引用」し、過去の業績に「借景」しながら、新しい創造をつけ加えていく。学術研究はこの方法をとるほかなく、これを無視すればアカデミズムにはならないことを肝に銘じてほしい。

しかし、冷静に考えれば、こうした方法はアカデミズムの分野に限らない。どのような分野であっても、先人の轍を踏みしめることが大事である。美術でも文芸でも同じだ。過去の作品に沈潜したのち、新しい自分だけの研究や表現を開拓できるというものだ。

例えば、建築においてもしかりである。当代随一の建築家・安藤忠雄氏は、二十四歳のときに一年間ヨーロッパをひとりでまわるグランドツアーを敢行した。まさに建築物探訪を中心に据えた「深夜特急」の旅だ。彼は写真で建築物の作品を見ることに飽きたらず、現地の建築作品とともに呼吸し、その息遣いに触れ、テクスチャーを体感して、彼独自の「空間の切り方」を体得したのにほかならない。

安藤氏の場合は、自分の建築作品に過去の他人の建築作品が持つ意味と方法を「引用」するのである（「特集・安藤忠雄の発想力」『太陽』二〇〇〇年二月号）。自分なりの新しい解釈をくわえながら、あたかも論文で先行研究を引用するように。ただし、創造的な引用になるのか、単なる影響や模倣に堕すのかが分水嶺になる。

そこには意識して切り取ることと、無意識に流されることとの決定的な差がある。だから、「発想するということは、新しい考えをつくり出すことと同時に、既にあるものの幅を広げること、より深めることでもあると思う」（同）という彼の言葉は正しいのだ。

大学で学ぶ者は、研究職に就こうが就くまいが、学術研究を行うための基礎訓練を受けなければならない。訓練の一環として、定期のレポートや卒業論文作成があるのだ。作成のプロセスをもとに「調べ、書く」方法を体得していくことが期待されているのである。

†大学教育と図書館

大学は知識の断片を学ぶところではない。むしろ、知識の体系・方法を学ぶことを目的とする教育研究機関なのだ。

野口悠紀雄氏もいっている。「フローとしての個別情報はいつでも学べるけれども、それを評価するストックとしての知識の体系は、一つの学問体系を系統的に学ぶことによってしか身につかない。（中略）大学で教えている個別情報の多くは独学でもカバーできる。しかし、そのためには、何らかの分野で、知識の構造を把握していることが必要である」（野口悠紀雄著『「超」勉強法』講談社、一九九五）

構造や体系を学ぶというのは、知識のストックとしての図書館を利用せずにはできない相談なのだ。何かを調べて新たな知見をだすためには、先学の業績を辿ることから始めなければならない。そのために、図書館の過去の資料蓄積があるといってよい。この蓄積こそが、図書館が調査研究をするうえで「王座の地位」を譲らない根拠である。

最後の駄目押しにリンボウ先生こと、林望氏の講演を引用して、説教くさい本章の幕引きとしたい。

一つの学問で業績を上げようと思ったら、それまでにその分野について研究されたことごとくの先人の業績について、すべて承知をしていなければいけない。どこまで進んでいるかということを承知した上でその先に進むのでなければ、アカデミックな意味での業績というものは得られないわけですから。(中略)

大学図書館に代表されるような研究図書館ですが、これは研究を助けるということが、もうちょっと平たく言えば、勉強に役に立つということが、あとにも先にも第一義的な存在理由であって、それ以上のことは、大学図書館は求められていないというふうに、私は考えております。

(林望「図書館へ行こう」『図書館の学校』一号)

〈際〉という言葉がある。何かと別の何かを区別する境、何かが別の何かと触れる場所、何かが何かでなくなる場所のことである。〈際〉というものはエネルギーが充満しているところである。たとえば水際。これは植物が生命力をきわだたせている場所だといわれる。防災のために水際をコンクリートで固めるのは、その意味では自然のいのちを押えつけることでもある。〈際〉はまた危険なところでもある。町外れ、場末、国境の街がそうだが、そこはつねにきわどい場所である。

揺れ動く
〈わたし〉と外界の境界

人体について考えてみよう。人体の〈際〉というのは、まず皮膚であり、つぎに身体のいろんなところにある穴、つまりは開口部である。湿疹、蕁麻疹、潰瘍というふうに、〈わたし〉とその外界とのあいだのトラブルは皮膚のトラブルになって出ることがある。ここでも〈際〉は過敏である。さらに人体の開口部となると、口であれ排泄器官であれ、文化的なチェック（きれい／きたないといった感覚）がとてもきびしく、意識過剰にならざるをえない。口や耳、鼻といったふうに人間が顔の穴のあいた部分に装飾品をつけたり、排泄器官のまわりを布で覆ったりするのも、そのことと深いかかわりがあるように思う。

〈際〉は何かと何かの境界面である。人間のばあいはまず皮膚であるが、しかし人間の皮膚は衣服という第二の皮膚をまとうことによって、ぶれはじめた。

ひとと外界との〈際〉は、裸になったときにはもちろん皮膚であるが、服を着て外出するときは服の表面にそれは移動する。そのときは服の下、たとえば服と下着のあいだ、下着と皮膚のあいだも、〈わたし〉の内部となる。だから他人に服の下に手を入れられるのは、じぶんの身体のなかに手を差し込まれるのと同じくらいおぞましい。

このように〈わたし〉は、皮膚の内部にあるとも言えるし、服の中側にいるとも言える。〈わたし〉と外界の境界は皮膚と服の表面とのあいだで揺れ動く。そしてそのあいだの1センチにも満たない領域は、〈わたし〉であったり〈わたし〉でなくなったりと、なかなかにきわどいものである。そして他人の欲望、他人のエロティックな視線も、つねにそのきわどい場所を駆けめぐる。「身体のなかでもっともエロティックなのは、衣服が口を開けている所ではないだろうか」（ロラン・バルト）。

240

第2章 資料の多様性と評価の視点を知ろう

上：『ワコール50年史』
下：*Ryusaku Tsunoda Sensei, 1877–1964*

1　図書館は資料のセレクトショップ

何を売るにも「商品知識」が必要になる。優れた百貨店の売場担当者は常に商品知識を磨いているし、利用客のニーズを把握して商品構成に反映させる。

図書館においても同様だ。この場合、商品は資料であり、売り場担当者は図書館員である。図書館員は本や雑誌に対して、それなりの商品知識を持っている。百貨店での買物で売場担当者に声をかけるように、図書館に行ったら図書館員に気軽に訊けばよいのだ。

近年巷間で話題を呼んでいるセレクトショップなるものがあるが、誤解をおそれずにいえば、図書館は本のセレクトショップであるといえる。セレクトショップに並ぶ商品がその店主の価値観を示すように、図書館で所蔵する資料も、その図書館の価値観とサービスの使命を如実に示すものなのだ。

この章では、私の職場である大学図書館を例に、資料の世界が多様であることと、それらを前に読者がどのように評価すればよいかを紹介したい。

†資料は評価され、選択される

日本国内で一年間に発行される図書は、二〇〇三年は七万五千五百三十点に及んだが、図書館が刊行物を全部購入するのは無理がある。そんなことをすれば、予算はすぐに底をつく。このため、各大学図書館では、設置されたカリキュラムなどに沿って、どのような種類の資料を購入するか、いかなる蔵書構成を目指すかの基準を決めて購入することになる。したがって、むやみやたらと購入しているわけではない。各大学の個性を際立たせるために、様々な戦略を持って蔵書の構築が行われるわけである。私は同志社大学図書館で資料選択を担当しているが、選択基準に照らせば、日本国内の新刊書籍で購入する必要のあるものは発行点数の二〇%を切っている。

また、選択のための出版物評価は、図書館の館種を越えて行われている。例えば、日本図書館協会が行っている選定図書事業がある。まちの図書館をはじめ、全国の図書館が本を購入する際の指標となるように「日本図書館協会選定図書」の指定を行っているのだ。これは一九五〇（昭和二十五）年に日本図書館協会が始めた事業で、国内の図書館が選書をする際の助けとなることを意図したものだ。その内容を知るには、『週刊読書人』に毎週「日本図書館協会選定図書週報」として掲載されるので、ご覧いただくといい（図表4）。

図表4 『日本図書館協会選定図書週報』

選定委員は約五十名、構成メンバーは、現職の図書館員、小・中・高校の教師、大学・研究所の教官、研究者、学識経験者などからなる。選定の公正を期すために、委員の名前は公表されることはない。ほぼ一週間に一度の割合で開催され、委員は一日がかりで自分の専門領域の本を七、八冊審査検討するのだそうだ。

必ず同じ本を複数の委員が目を通し、合否を判定するという。一冊ごとにA：適書、B：準適書、C：要調査、D：図書館には不適、と評価され、読みの程度（読みやすいか、難しいかを四段階に分ける）、対象（幼児、小学校初・中・上、青少年、大学生、一般、専門家の八つの読者対象に分ける）、短評（内容の価値、表現の巧拙、類書中の特色、利用上の注意などを記入）の項目が書き込まれていく。

晴れて「選定図書」と指定されたもの（評価AとB）は、選定候補とした図書の全体の約二〇％に過ぎない（「日図協の選定事業あれこれ」『週刊読書人』一九九一年四月二十九日号）。

図表5　同志社大学図書館での選択作業

選定方法は現在もかわりはないが、選定図書を一年分纏めた日本図書館協会編『選定図書総目録　二〇〇四年版』（同協会、二〇〇四）によると、二〇〇三年刊行図書のうち選定図書に指定されたのは、刊行点数の増加もあって全体の一六％弱まで落ち込んでいるようだ。

日本図書館協会だけでなく、各大学でもその歴史と伝統、研究・教育の特色を鑑みて、同様の選択作業が行われている（図表5）。このため、図書館は資料のセレクトショップと表現することも許されるであろう。

†多様なセレクト基準

例えば、同志社大学の資料選択基準では、小説の新刊単行本に代表されるフィクション作品は購入対象としないのが原則だ。村上龍や宮部みゆきの単行本は購入しない。

理由は簡単だ。大学で「文学研究」をするなら、本文《ほんもん》テキストが確定していないと研究対象にならない。生きている作家であれば、手直しや修正があり表現は揺れ動く。このため、存命中の作家は卒業論文をはじめ研究対象としない考え方を適用しているわけである。

多くの読者がむかし教科書で習ったであろう井伏鱒二の「山椒魚」という作品。この作品に対し、井伏本人が生存中に何度も改作と削除を行った事実をご存知だろうか。このために、川鎮郎「井伏鱒二『山椒魚』――その成立と改作と末尾削除の過程、並びにその意味と評価について」(『人文科学研究』二二号)といった研究論文もあるのだ。

誰もが少年時代に読んだ経験のある夏目漱石の『坊っちゃん』。この作品ですら、漱石の書いた原稿と出版された単行本とでは用字や本文《ほんもん》が違う。現在出版されている各社の『坊っちゃん』のテキストにも本文異同が多い(詳細は、山下浩著『本文の生態学』日本エディタースクール出版部、一九九三)。こうした観点から、死後発見の原稿や発表時の本文、単行本出版時の本文など、本文異同校訂作業を経た全集が出版されないと購入しない約束だ。

早稲田大学は、「早稲田ならではのコレクションを、何か一つ始めたい」と二〇〇三年春に漫画文庫を図書館に設置した。「冊数を競う時代ではない。優れたコレクションを持っているかどうかが勝負だ」と考え、東海林さだお氏や園山俊二氏らを輩出した伝統をいかし、マンガを研究資料として系統的に集める目的で船出した文庫である（『読売新聞』二〇〇二年十一月十四日朝刊・東京）。同志社大学での、マンガは一切受け入れない基準と対比すると、個性が浮き彫りになる。

また、東京都国立市の一橋大学附属図書館のように、学生の卒業論文を蔵書として保存するところもある。一橋大学出身者で、現在同大学で教鞭をとるエラい先生たちからは評判がよくないと耳にした。教えている学生に自分が彼らと同年代であった頃書いた（今から思えば稚拙な？）卒業論文をみられたら恥ずかしい、という思いがあるのだろう。

大学の図書館は、戦前・戦後しばらくは蔵書数を競う風潮があったが、図書館間の相互協力が進んだ現在では、コレクションの個性を競う時代になっているのである。

2　多様な資料の世界を覗く――灰色文献を中心に

†非流通本の世界

さて、収集された図書館の資料だが、図書館の初級者には所蔵資料の概観を紹介する必

図表6 『日本全国書誌』

要がある。一般的な図書は馴染みがあると思うので、灰色文献の世界をまず紹介したい。すなわち、非売品や自費出版など非流通本の話である。本や雑誌は書店で販売しているものばかりではない。一般の出版物の流通ルートにのらない種類の本がたくさんあることをこの機会に覚えてもらいたい。

図書館の世界では、この種の資料を「灰色文献（Gray Literature）」と呼びならわす。具体的には、国や地方公共団体、企業や各種団体が発行する白書、年鑑、統計、社史、機関史、文化財調査報告書、市町村史などがこれにあたる。学位論文、学術会議の記録、テクニカル・レポートと呼ばれる専門研究機関が行った研究成果報告書類、政府発行の官報や国会の議事録、法令など政府刊行物もこのカテゴリーに含まれる。

基本的には、これらの存在を調査するには、国立国会図書館の『日本全国書誌』を使う。

国立国会図書館法第二十四条・第二十五条には、国や地方公共団体の刊行物・国内刊行の民間出版物は、国立国会図書館に納入することを定めた納本制度がうたわれている。納本された資料のリストが『日本全国書誌』であり、ほぼすべての国内刊行物を確認することができるといってよい。特に毎週発行の『日本全国書誌』（図表6）は、選書担当者が辛いながらも目を通し、重要な灰色文献の入手に漏れがないように網を張っている（http://www.ndl.go.jp/jp/publication/jnbwl/jnb_top.html でも公開）。

灰色文献資料は発行部数が少ないため、後から入手しようとしても容易には見つからない。以下、読者が親近感をもてる典型的な灰色文献について、簡単に紹介しておこう。

†貴重な展覧会カタログ

美術展へ鑑賞にいったときに目にする展覧会の図録やカタログ。展覧会カタログの昨今の充実ぶりは目を見張るものがあり、図書館にとっても重要な収集対象資料となっている。図書館では、先の『日本全国書誌』の頁を繰って、寄贈の依頼をするか実費購入をする。藤森一好氏の言を借りれば、「編集やデザインもプロの手になるもので、立派な出版物だ。ところが、日本の展覧会カタログのほとんどは、書籍としての販売ルートにはのっていない。つまり、書店に発注して入手することができない」のだ（藤森一好著『はみだし学芸員のNY留学』ぺりかん社、二〇〇二)。

昨今の展覧会カタログは単なるカタログの水準を凌駕し、解説や報告も半端なものではない。展覧会を思い出すための素材の域を脱し、カタログ自体をひとつの出版物と捉え、独立した書物としての体裁を持つものが増えている。

つまり、作品を深く理解するためのツールであり、資料性を重視した内容の充実化が進んでいるのだ。高水準の展覧会カタログは、「隠れたベストセラー」ともなっている。おまけに価格は安価だ。著作権法四十七条により、展覧会の図録は市販できないかわり「作品解説を主体とした小冊子の範囲でなら、原則的には著作物の複製を著作権者の許諾なくできる」ため、価格を抑えて発行できるからだ(今橋映子編著『展覧会カタログの愉しみ』東京大学出版会、二〇〇三)。ただし、「小冊子」の範囲については判断の分かれるところだ。

†重要企業の社史

単に会社の業績にとどまらず、業界全体の発展に関わる大企業、資生堂やワコールのように戦後風俗を彩った企業、セゾングループに代表される企業文化をつくりあげた会社の歴史の重要性は、強調するまでもないだろう。

社史も実はほとんどが非流通本である。非売品の自費出版物として刊行され、原則寄贈を依頼して入手するほかない灰色文献なのだ。

第2章扉上の写真は、ワコール社長室社史編纂事務局編『ワコール50年史』（ワコール、一九九九）であるが、日本の洋装下着の歩みにとどまらず、下着文化・身体文化を包括する堂々たる内容になっている。

執筆陣も深井晃子氏、鷲田清一氏など豪華な顔ぶれであり、写真や図版も豊富に掲載されている。官能的な肢体と容貌で少年時代の私の脳下垂体を痺れさせたモデルさんたちと再会できる、まさに感動の社史である。

村橋勝子氏によれば、社史は経営史の資料として位置づけられるだけでなく、産業史・経済史・技術史・業界史としても貴重で、歴史の長い企業や生活密着型の企業の社史（『花王史一〇〇年（一八九〇―一九九〇年）』、『創ってきたもの伝えてゆくもの――資生堂文化の一二〇年』など）は、文化史や風俗史の研究書に勝る情報を提供する情報源となる（村橋勝子著『社史の研究』ダイヤモンド社、二〇〇二）。

この手の資料にも目配りを欠かさないのが、図書館という存在なのである。

†故人の追悼録

世に「饅頭本《まんじゅうぼん》」と呼ばれる資料がある。古書の世界でよく使われる言葉だ。故人の追悼文集や遺稿集をさすことが多く、お葬式の際に配られる「葬式饅頭」になぞらえて、こう呼ばれている。いわば、「私家版」の本である。この類の資料は、著名な人物（学者や作家）のものであれば、大学図書館の重要な収集対象とされている。

第2章扉下にあげたものは、司馬遼太郎がアメリカにおける日本学の祖として『街道をゆく　ニューヨーク散歩』（朝日新聞社、一九九四）で広く世に知らしめた、米国コロンビア大学の角田柳作（一八七七〜一九六四）の追悼集 *Ryusaku Tsunoda Sensei, 1877–1964* である。

司馬は先の書物で、角田柳作が四十歳を過ぎて米国コロンビア大学で学び、彼の地の日本文化研究所長として日本思想史を教え、弟子にはドナルド・キーン博士をはじめ綺羅星のごとき逸材を世に送り出した方であったことを語っている。そして「日本語で『センセイ』と発音すれば角田先生のことにきまっていた」とし、講義と研究に没頭するあまり、著作をなさず、日本にもほとんど知られず、ただ知る人のみぞ知る「無名の巨人」と讃えて「私は角田柳作先生の写真さえみたことがない」と記している。

たまたま、角田が一時期同志社で学んだ形跡があったため、図書館内を探したところ、肖像や研究業績、人となりを掲載した英文追悼集が発見された。司馬遼太郎氏に写しを送付したところ、たいへん喜んでもらえた。

内部には、角田と親交のあった方から同志社に寄贈された由来を記したメモが挟んであり、よくぞ集めておいてくれたものだと感服した。収集した先人に対し畏敬の念を覚えるとともに、こうした収集こそ大学図書館の醍醐味であると痛感させられたものであった。

†科学研究費補助金「研究成果報告書」

科学研究費補助金「研究成果報告書」は、学者・研究者が文部科学省・日本学術振興会から補助金を受けて行った研究の成果を報告書として作成するものである。

通称「科研費」と呼ばれるこの補助金は、あらゆる学術分野を対象に交付される研究資金であり、大学の世界では一般的なものである。研究機関に所属する個人であれば誰でも応募の資格があるので、読者の在籍する大学の先生方も毎年のように申請されているにちがいない。

二〇〇四年度は、予算千八百三十億円に対して応募件数は約八万数千件に及び、全ての申請に応えることができないことから、専門家による厳しい内容審査（ピア・レビュー）をくぐりぬけた研究者だけに交付されている。八万数千件の応募のうち約二万件が採択されており、ここ数年採択率は二四％前後で推移しているという。

研究は一人で行う場合と二人以上で行う共同研究の場合もあるが、補助金を受けているため、研究期間が終了すれば「研究成果報告書」を作成することが義務付けられているのだ（詳細は、松木秀彰「科学研究費補助金の『研究成果報告書』ができるまで」『情報の科学と技術』五四巻六号を参照）。

この報告書は、研究代表者の所属する機関・大学へ提出され、一部はその機関や大学で、もう一部は文部科学省あるいは日本学術振興会を通じて最後には国立国会図書館で保存される。独創的・先駆的な学術研究と認められたものに対して補助金が交付されるので、報告書の内容は信頼度が高いが、一般に流通しているものではない。

このため各図書館では、利用者の閲覧要求や文献複写サービスに応えるべく、「研究成果報告書」を保存しているわけである。なお、研究成果の概要は、国立情報学研究所（NII）の「科学研究費補助金採択課題データベース」で検索することができることを申し添えておこう。

以上、大学の図書館がベストセラーや教科書を中心に資料を集めている機関でないことは、十分納得いただけたのではないだろうか。まずは、「灰色文献」という資料群が世の中に存在することを知ってもらえば十分である。

†記録史料類

図表7　田中稲城文書

（同志社大学図書館所蔵、2005年4月公開予定）

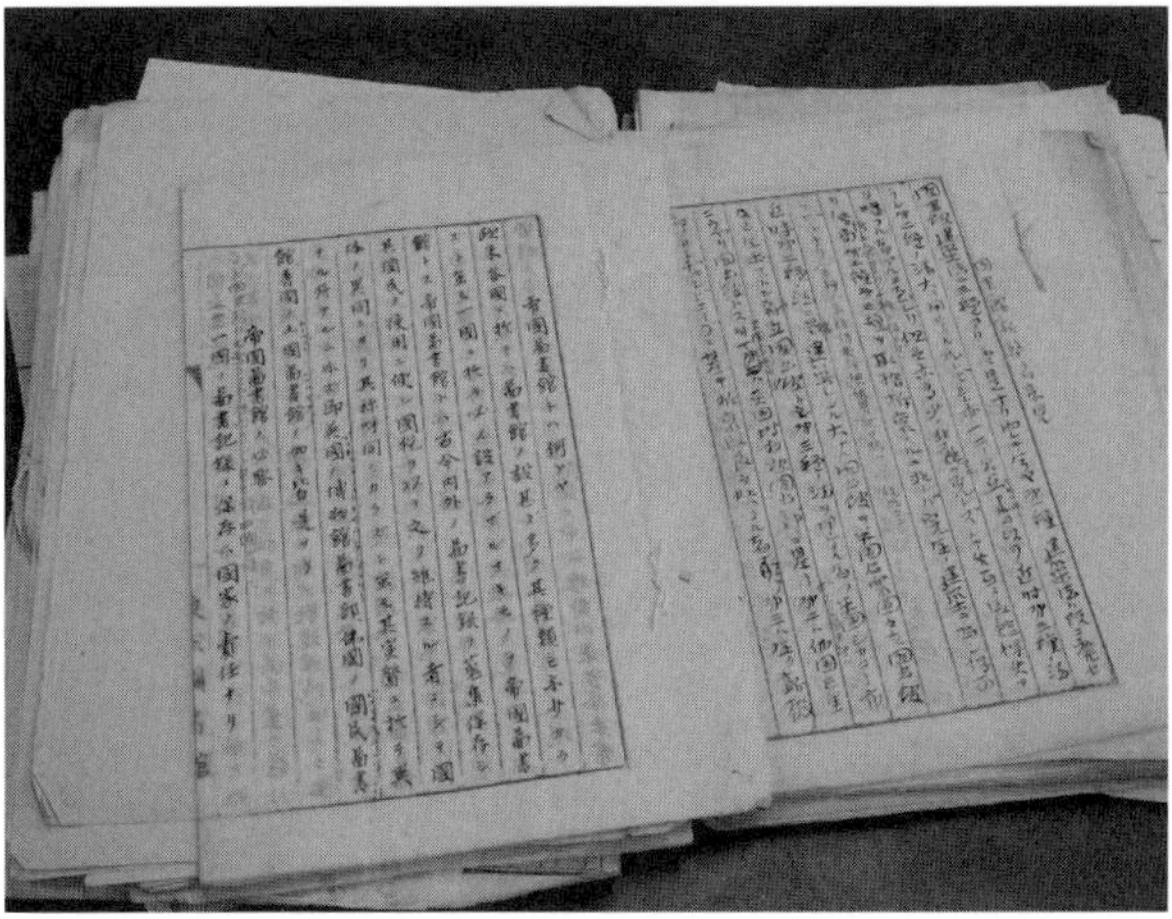

このあたりで、灰色文献から少しはなれよう。

活字で印刷されたものだけが図書館で扱う資料ではない。手書きの文書記録類も図書館に保存されている。世界に二つとない著名人の日記や書簡、また草稿類などと考えてもらえばよい。

図表7には、初代帝国図書館長、田中《たなか》稲城《いなき》の帝国図書館設立に関する草稿類を含む田中稲城文書を示した。我が国の国立図書館成立前史・成立過程をうかがい知ることのできる貴重な史料であり、数奇な運命をたどって田中家から同志社に寄贈されたものだ。図書館史研究を志す人なら、ぜひ、一度は目を通しておきたい記録史料といえよう。

いったん記録史料をみてしまうと、資料の持つ「重さ」に圧倒されてしまい、印刷された本が単なる二次的な資料にしかみえなくなってしまう。

このような記録史料の類も保存していることを、この機会に記憶に留めていただきたい。

3 学術雑誌の世界を知る

†学術雑誌の存在

年若い読者が雑誌と聞いて思い浮かべるのは、書店の店頭をにぎわす『an・an（アンアン）』『BRUTUS（ブルータス）』などの商業雑誌であろう。しかし、大学に入学した限りは、あるいは「調べ、書く」ためには、学術雑誌の存在を知らなければならない。

日本で発行されている商業雑誌・学術雑誌の総タイトル数は二万件弱となっているが、その全貌を知るには、メディア・リサーチ・センター株式会社編『雑誌新聞総かたろぐ』（メディア・リサーチ・センター、一九七八〜、各年刊）を利用する。各タイトルの内容紹介・発行部数・対象読者などが掲載されている基本資料だ。

さて、学術雑誌は研究者のオリジナル論文を掲載し発行される雑誌をいう。おおきく分けて、学協会誌と研究紀要に分けられる。学協会誌は各種学会・協会が発行する学術雑誌で、寄稿される論文をレフェリーが審査し、採択の可否を判定して掲載する権威ある雑誌である。研究紀要は、大学や研究機関に所属する研究者が成果を定期的に学内・機関内で刊行する学術雑誌である。

学術研究の成果は、まず学術雑誌に発表されるので、学術研究の主戦場は雑誌にあることを認識しなければならない。本の形態になっているものは、雑誌に発表された論文や記事のうち、評判の芳しかったものに加筆修正し、編集し直して出版されることが多い。研究の速報性の視点からみれば、学術雑誌の論文こそ、皆さんが今後学習や研究を深めるうえで必要とするものなのだ。

†学術雑誌の仕組み――査読制度

日本国内で発行されている学術雑誌は約九千誌にのぼる。学術雑誌に掲載される研究論文は、審査のうえ掲載されるかどうかが決まる。審査を経ているために、学術的な価値が高い。投稿すれば何でも掲載されるというわけではないのだ。まず、この事実を知っておくことが重要だ。

都合があってタイトル名は伏せるが、歴史研究を対象にしたある学術雑誌Aの例でお話しよう。Aは年四回、各号に三本から四本の論文を掲載し、高い研究水準を維持する学術雑誌として斯界《しかい》で名を馳せている。この雑誌Aに論文を投稿した友人がいる。以下は実際に論文が採用されるに至った友人の弁である。

「投稿規定に従って執筆し、原稿が完成しますよね。編集部の窓口へ提出すると、まずは受け取ってくれます。その後、査読にかけられます。査読するのは、学会が指名した二・三名の審査員です。原稿の運命は四つに分かれるようです。①そのまま審査に通りめでたく掲載されるもの、②赤字や別紙で訂正や手直しを要求されて、指示通り直せば掲載してもらえるもの、③赤字や別紙で訂正や助言が加えられて返却されるが、いったんは掲載を断られるもの、④却下されて返却されるもの、です」

「①の無修正で通過ができる場合は、よほどの大家でない限りありません。したがって、②③が焦点になります。②はまだ話が早いのですが、③は章立てや全体構成を組み直して補強し、抜本的な組み替えや追加研究が必要です。その上で何度も投稿しなおします。投稿の二〇〜三〇％程度が最終的に掲載されるようです。原稿を提出してから掲載に至るまで、本当に時間を費やしました」

彼は投稿した論文の一部分のみ（！）が採択されて、無事A誌でデビューできたわけだが、返却されてきた原稿にある赤字の訂正やコメントをみて、ガックリするどころか感謝の念を覚えたという。学会を代表する名だたる査読者の真剣な査読の跡と暖かい助言に涙したというのだ。

こうした篩《ふるい》をかけられて生き残った論文だけが、学術雑誌に掲載されていくのだ。

†熾烈をきわめる国際学会誌

国際学会の発行する学術雑誌となれば、採択の苛烈さは予測がつくであろう。科学雑誌の世界、例えば英国の雑誌 *Nature* 誌に論文を発表することなど、競争は熾烈を極めている。

東京大学出版会のPR誌『UP』二五一号に、上出洋介氏の「論文著者と審査員のあいだ」という興味深い記事が載っている。

上出氏は宇宙・地球科学界で世界最大の学会である American Geophysical Union が月刊で発行する学術雑誌 *Journal of Geophysical Research-Space Physics* のアジア太平洋地区編集長を務めておられた。投稿される論文に対し、査読した審査員の意見を参考にして、掲載可否の評価をくだすのが仕事であった。これが実に神経と労力を使うものであることを吐露されている。以下、彼の話を聴こう。

論文が拒否されるということは、一言でいえば、その論文が間違っているということです。（中略）「どこも間違っていない論文であるが、これではどうも……?」という論文も拒否されます。たとえば、重箱の隅を楊枝でほじくったような仕事、まるで学生の練習問題を解いたようなレベルの論文、式の展開だけに終始している論文、随筆のような論文……。

そして、学会の裏側ではさまざまな駆け引きがあるらしく、余談も披露されている。

ときどき奇妙な事件が発生して神経を使います。編集長を介さずに、審査員が直接著者に電話して、「ここどあそこを直せば採択してあげる」と忠告するらしいのです。（中略）最近かなりやっかいだったのは、審査員が著者の元指導教授であったケースです。

とにかく、こうした厳しい競争を勝ち抜いた末に論文が掲載されるのが、学術雑誌の世界なのである。読者が今まで慣れ親しんできた商業雑誌との違いをここで明確にしなければならない。そして、学術雑誌を過去から何万タイトルとストックする図書館の重要性に気づいてもらいたいのだ。

†大学・研究機関が発行する研究紀要

もうひとつの学術雑誌について言及しておこう。大学や研究機関が発行する「研究紀要」である。日本国内の学術雑誌の約三分の一、三千誌がこれにあたる。タイトル名でいえば、『〇〇大学商学』『〇〇大学××研究所報告』と大学名およびその学部・研究所名を含むことが多い。

小学館の『日本大百科全書』によれば、「紀要」は、「大学または研究所がその所管教員または研究員の学術論文を総合的に発表する雑誌」であり、大学の先生たちが、勤務報告代わり（失礼！）に論文を発表している学内雑誌といえよう。ハウス・ジャーナルと呼ばれる所以《ゆえん》である。このため、研究論文のグレードやレベルに幅があり、学協会誌よりは採択の難度が落ちるものが多いといわれている。つまり、品質保証の点で全国学協会誌ほどではないものが含まれるということだ。強烈な高水準の論文が並ぶものから、無審査で掲載されるものまで「ピンキリ」の世界らしい。

国文学者・書誌学者の谷沢永一氏は平然と「アホバカまぬけ大学紀要」と痛罵している。偏った見解とも思うが、少し谷沢氏特有の辛口弁舌に耳を傾けたい。

戦後の各大学は軒なみに競って、教育職員および研究職員による〝論文〟を載せるために、一般に紀要と呼ばれ或いは自称する逐次刊行物を、続々と世に送りだし続けている。（中略）それほど莫大な研究論文の、正味の内容水準はどうか、それが実はお話にならない。もちろん稀には秀作もあり、学界に喧伝された例なしとはせぬが、これはと瞠目する逸物に、もし出会えば余程の僥倖、殆どは愚劣の極みであるから真正直に読んでいったら、時間の無駄を悔いるだけ、現実には誰もがいい加減にあしらっている。（谷沢永一「アホばか間抜け大学紀要」『諸君』一九八〇年六月号）

この後も強烈な非難が続く。内部で査読するため同僚への審査が甘いこと、研究業績の点数稼ぎのために利用されていること……。しかし、研究者のまとめた学術研究成果である。各大学図書館は送られてくる研究紀要のうち、重要と判断されるものは大切に保存している。それゆえ、研究紀要類も大事な情報源として利用するようにしてほしい。

さて、学協会発行の学術雑誌や大学発行の研究紀要は、最近では電子ジャーナル（印刷冊子体刊行の雑誌を電子化して提供するもの）の形態でも読めるものがある。国立情報学研究所（ＮＩＩ）が提供する学術コンテンツポータル GeNii の「研究紀要ポータル」（国内の大学等が発信する研究紀要論文情報を配信：無料）や NACSIS-ELS 電子図書館サービス（国内の学協会が発行する学術雑誌の本文を配信：一部登録制）がそれである（http://www.nii.ac.jp/service-j.html）。多くの大学図書館は参加しているはずであるから、ぜひ利用することをお勧めしたい。

4　どのように選んでいるか――手にした資料の外的評価

第2節、第3節では、読者の耳慣れない資料について、その多様性を知ってもらうために説明を重ねてきた。図書館に足を運んで、ぜひ手にとって見てもらいたいものだ。続いては、一般的な本も含めて、資料をどのように評価すればよいのかを考えてみたい。

図書館で仕事をするのに図書館司書という資格がある。司書資格を取得するには、所定の単位を修得し、一定の期間図書館に赴いて「図書館実習」と名づけられた業務研修を受けることになっている。

私の勤める図書館では、毎年十月に実習生がやってくる。残念ながら、資料選択部門の実習は三時間しか与えられていない。そこで、無理なスケジュールを組まず、実習生とのんびり議論して過ごすことにしている。

別に司書資格を取ったからといって、すぐ図書館員として就職できるわけではない。図書館業務をおぼえるのは、現場で仕事に就いてのちオン・ザ・ジョブ・トレーニングでやればよい。それより、卒業論文やレポート作成に役立つ部分のみを優先して、ワイワイガヤガヤ議論したほうが得策だ。

議論の対象は、一般論として「よい本」をどう見分けるかである。資料現物を手にとり、どういう本なら役立つか、また使いでがあるかを実習生に考えてもらう趣向だ。

実習生たちと話し合っていると、いくつか評価ポイントが浮き上がってくる。読者が今後手にした資料を評価する際、判断基準として参考にしてもらいたい。

†見どころ①：図書の形態（頁数と大きさ）

何でもない指標のようで、実はおおきなウェイトを占める評価ポイントである。図書現物を手にして点検できない場合は、特に重要である。形態が不分明であれば、どの程度の内容の本かは予測できない。

書誌学（本を研究する学問）では、書物は「内容が形態を規定」し、「書物の大きさは単にサイズの問題ではなく、その内容や用途によって決定されている」（「Ⅳ 比べて考える」『牧野富太郎蔵書の世界』高知県立牧野植物園、二〇〇二）とする。この段は、近世以前の本を対象に述べたものであるが、現在流通している本に対しても有効なものさしとなる。

「形態よりも内容が重要なのじゃないですか」と疑問の声をあげる人もいよう。そのとおり。内容が形態を決めるので、逆に形態からその内容を類推すればよいのだ。

事例をあげよう。齋藤孝著『絶対感動本50』（マガジンハウス、二〇〇三）を評価する機会があった。タテ一九センチメートルで三〇二頁と広告にある。一般的にこの大きさ（いわゆる四六判）の本であれば、一行は四〇文字×一頁は一八行×三〇二頁＝二一万七四四〇文字と予測計算し、四〇〇字詰め原稿用紙に直すと五四四枚の内容量となる（実際は四四文字×一八行）。

約五〇〇枚で五〇タイトルの本が紹介されているのだから、一つの本について原稿用紙一〇枚以上の分量を擁して語っているはずだ。それなら内容も濃いはずと、購入することになる。形態に注意すると、この手の反応がすばやくできるようになる。

タテ二五センチメートルで五〇〇頁の本ならばどうであろうか。特定主題のかなりの領域をカバーする一大専門書ではないか、と予測できる。一人の著者がものしたとすれば、積年の研究成果を問うような浩瀚な書物といえるであろうし、複数著者のものであれば、重要な論文集の類と予測がつこうというものだ。

「かたち」から「内容」をよむという考えかたを知っておくと便利なのである。

†見どころ②：目次構成

「本はまず、あとがきを読む。それから目次をにらむ。目次の構成を見れば、書き手のアタマのなかは伝わる」とは社会学者・上野千鶴子氏のことばだ（「いつもそばに本が」『朝日新聞』二〇〇三年九月二十一日朝刊）。本を手に取った時には、目次構成は重要なのだ。

元晶文社の編集者である津野海太郎氏がエッセイで書いている。

たまたま、酒場で隣りあった人物の話がめっぽう面白かったりすると、おっ、これで一冊本ができるなと、その場ですぐに目次を考えはじめる。（中略）目次をつくるにはそれなりの経済的なやり方があって、私の場合だと、まず頭のなかで1から7までの数字を思い浮かべる。これが章にあたる。1から3でも1から15でもいいのだが、経験的にいって、1から7あたりがいちばん考えやすいようだ。（中略）こうして頭のなかにつくりあげた目次の枠組みに、酒場でもどこでも、いま私の耳のそばで勢いこんで、あるいは淡々と語りつづけている人物の話を一つ一つ割り付けていく。（中略）

いまでも私はことあるごとに自分より年下の編集者たちにむかって、企画は目次、できあがりの本のかたちが思い浮かばないようでは満足な企画とはいえないぞと、しつこくお説教しつづけている。

（津野海太郎著『歩くひとりもの』思想の科学社、一九九三）

地獄の黙示録ならぬ「地獄の目次録」ではないか？　これほどまでに、書物の構成や目次は考え抜かれている。逆にいえば、目次をみて内容を容易に見て取れる本は、整理が行き届いており、読みやすい本であると判断できるわけである。

†見どころ③：索引・文献目録の充実度

作家で古書店・芳雅堂を経営する出久根達郎氏は、古書店主として本の値踏みの仕方を次のように語っている。

少くとも書物を論じた本は、「書名索引」の有無が、まず評価を左右する。索引は詳細な目次を兼ねている。どのような本が俎上《そじょう》に載せられているか、索引を見れば一目瞭然、内容もほぼ把握できる。(中略)

昔の文学全集には、末尾に必ず語句注釈の頁がついていた。漱石鷗外龍之介の巻などは、何十頁もついていた。現代の私たちには想像もできぬほど豊かなボキャブラリーであった。つまり索引の頁が多ければ多いほど、その本の内容が濃密なのである。

(出久根達郎著『思い出そっくり』文藝春秋、一九九四)

また、参考文献リストや文献目録が付されているかどうかもおそろしく重要なことだ。索引や文献目録のしっかりした本は、読者が次の文献や情報、あるいは未知の領域へ分け入る扉をひらく。よくできた索引や文献目録の有無が、その本の値打ちを決める評価ポイントにもなりうるのだ。

†見どころ④：初出の掲載誌のレベル

基本的に出版物で「書き下ろし」は少ない。「書き下ろし」というのは、書いたものを雑誌や新聞に載せず、そのまま本にしてしまうことをいう。「書き下ろし」は、雑誌や新聞に一度発表したものを後でまとめて本にするよりも、内容の鮮度が高く価値があるとされている。

「書き下ろし」が一目おかれる事実は、裏返せばほとんどの本は「書き下ろし」ではないことを意味する。特に研究者の成果は、学術雑誌などにいったん掲載されたものを再録して本にする形態が多い。このため、本を開くと最初か最後に「初出欄」がある。最初にどの雑誌や新聞に掲載されたのかを確認すると、おおよそその本の値打ちがわかる。

「初出欄」をみてその本が十本の論文や記事から構成されており、その多くが雑誌『AERA』に掲載されたものであることが確認できれば、啓蒙的な内容の本であろうと予測がつく。

また、論文の初出の多くが、全国的な学協会誌ではなく、その本の著者が勤務する大学の研究紀要で占められている場合、立派なタイトルがついていようが内容の点検が必要だ。

†見どころ⑤：注の付け方

注の付け方も気になるところだ。

著作物のうち、本文の傍らに注番号が付与されていて、どの引用文献・参照文献から取られたものかを明示したものは学術的であると評価できるだろう。特に引用文献の該当頁まで示したものには、信頼を覚えてしまう。なぜなら典拠文献の該当箇所に容易にいきつけるからだ。最後の方の頁にまとめて「参考文献」として列挙されているのは、むしろ啓蒙的な内容にすることを意図した編集であるとみてとれる。

米国では学術文献の場合、『注』を鎧のように身にまとって、『迫害』に敗けず有無をいわせずに『自説』を納得させる」態度が一般的だが、日本では『注』でがんじがらめに縛った論文ではない形式でいいたい主題を書きたい」とする風土もあるので、一概にはいえないが（鈴木博之「『随筆的』論考の精神」『中央公論』二〇〇一年一月号）。

注には本文注・脚注・頭注・尾注・別注・補注・割注など多くの種類がある。新たな世界へ踏み込む起点となるので、注の付け方の工夫は本の価値を左右すると考えてよい。

†見どころ⑥：図表の典拠や充実度

図表で大事なのは、どの資料をもとにして作成したか、転載の場合なら、何から転載したかの典拠が明確なことである。典拠が示されていないならば、それだけでもうレポートや論文には利用できないことになる。

図版の充実度も要注意だ。目を凝らすと、他の本に掲載されている図版をそのまま転載して抜いている本、読者の理解を容易にするため、グラフィックデザイナーが時間をかけて作成した図表を掲載している本など、その相違が確認できる。

†見どころ⑦：出版年、改版・改訂の頻度

本の奥付《おくづけ》を確認してみよう。奥付とは、本のいちばん最後にある書名・著者・出版社・印刷者・出版年月日等を記した部分である。いわば、本の「戸籍」「本籍」にあたるものだ。奥付をみれば、何年に発行された本かはすぐにわかり、内容の新旧はここで判断する。

重要なのは改版・改訂である。よく第五版とか、三訂版とか表示があるが、何度も改版・改訂がでているという事実は、過去利用者に評価され信頼度が高い本であることを示すといえるだろう。奥付の年月日によって、どの程度の周期で増刷、改版・改訂が行われ

ているかを確認するのも評価の助けとなる。

岩田博氏によると、出版業界では、「版」は組版をかえた場合、「刷」は版はそのままで刷り増し（増刷）する場合、という区別をしている。「版」が変わるのは、本の内容の見直しがあり、記述が改められ、版が組み直されたことを示している。これに対して、組版をそのまま利用して装丁だけかえた新装版があるので、改訂版と取りちがえないようにしてほしい（岩田博著『ひとり出版社「岩田書院」の舞台裏』無明舎出版、二〇〇三）。

†見どころ⑧：付録や新機軸（特に復刻本の場合）

古い出版物で名著といわれるものは、時代の要請を受けて復刻される場合が多い。世の中には、復刻を専門にしている出版社もある。私にいわせれば、版権を取る必要はあるが、楽な出版方法だ。編み集めるべき本文は、既に過去に本となってでているからである。

編集者は企画をたてるだけでも多大な努力を払っている。しかし、すでにあるものを再度写真に撮ってそのまま刷り直す復刻は、あまりにお手軽にすぎないか。このため、新規に復刻された本が新刊として図書館に届けられたときは、付録や付加情報が加えられているかどうかを見る。それがなければ、単なる複製を出版したに過ぎない。

例えば、元版には「いろは順」の索引しかないものを、復刻では若い人に扱いやすいように「あいうえお順」の索引をつけ直す、年譜を最新のものにする、別添地図をつけるなどである。新しい観点からの付加価値をつけ、新機軸を打ち出していない復刻は、食指をそそらないものだ。

†見どころ⑨：著者の信頼度

本の奥付やカバーで紹介される著者の経歴、過去の実績、現在籍をおいている大学や研究機関名、取得学位などを慎重にみれば、信頼度を推し量ることは可能だ。

そのうえで、本の内容が著者の専門領域と重なっているか、あるいは著者の名前を講義のなかで耳にしたことがあるかどうか、他の文献目録でその名前を目にしたことがあるかなど、慣れてくるといろいろなポイントが見えてくる。

不分明な場合は、第4章でふれる雑誌記事索引類を駆使して、その著者が一定期間にどの程度当該分野の論文を発表しているか、また発表誌はどのレベルか（査読の有無・発行部数など）を追跡して信頼度を測定することもある。

また、学位表記を見ると、制度変遷のため著者の取得年代がわかる。「文学博士」であれば戦前か戦後まもなくに博士となった人、〇〇大学文学博士であれば一九五三年以降に博士になった人、「博士（文学）〇〇大学」とあれば一九九一年以降に博士になった人である。博士学位を授与した大学の世間的評価をみて判断材料にする手もあるわけだ。

†見どころ⑩：出版社の実績・編集者の実力

出版社は重要な指標となる。内容をみて評価しかねる場合は、出版社名を信用する場合が多い。過去にその分野で実績のある出版社であれば、水準を維持していると期待し、最後には出版社名を切り札にする。

東京大学出版会、法政大学出版局のように、ユニバーシティ・プレス系と呼ばれる出版社であれば、その刊行物は学術研究書のレベルを維持していると考えられる。

また、各分野には特有の老舗出版社があるものだ。歴史なら吉川弘文館・山川出版社、建築なら王国社、仏教なら法蔵館、工学なら培風館・内田老鶴圃、法律なら有斐閣など、いくらでもあげられる。

そして、よい編集者を抱えている出版社の刊行物は凄い。学生の頃、編集者の文章力や企画力に舌をまいた経験がある。

老舗の「超」有名な月刊総合雑誌に古代朝鮮関係の原稿を依頼された先生がいた。アルバイトとしてその先生に二日間雇われたのだが、ワープロのない時代なので、私が下書きを清書し、それにまた先生が加筆するサイクルを四、五回繰り返した。よく推敲をする先生だったが、論点が錯綜し、書き写しながら理解しづらい原稿であった。

翌月、その原稿がくだんの雑誌に掲載されたとき、誌面を読んだ私は驚愕してしまったのだ。文章の贅肉は削ぎ落とされ、段落の順番は微妙に並べかえられ、流麗な文章へと変化している。

執筆した先生にお会いしたところ、「いやあ、さすが天下の○○社ともなると編集の人の力量がちがうよ。俺が直したんじゃなくて、担当編集者が文章を刻んで整理してくれたんだ。読みやすいだろう？　自分でも感動したなあ」と呵呵《かか》大笑であったのを思い出す。

文章だけでなく、内容の構成や編集にも長けた人たちであろう。優れた刊行物をだす出版社には優れた編集者がいると思えばよい。ただし、企画だけして外部の編集エージェントにほとんど任せきりの大手出版社もあるので、一概にはいえないのが実情だ。

†その他（翻訳図書など）

翻訳図書も注意が必要だ。これも一筋縄ではいかない。

①重訳か直訳か

読者のなかで『アラビアン・ナイト』、『千夜一夜物語』を知らない人はいまい。「開け、ゴマ」のアリババや、アラジンと魔法のランプは小学生の頃からお馴染みだ。

『千夜一夜物語』はアラビアのお話なので、当地の書物を翻訳したものと思い込んでいるだろうが、実はこれが誤りであることを知っている人は意外に少ない。

私たちが読んだのは、バートン版かマルドリュス版の『千夜一夜物語』の翻訳を子供用に縮訳したものが多いのだ。イギリスの文学者バートンがアラビア語から英語に訳したものを、さらに日本語に訳したものがバートン版、フランス人マルドリュスが原典にエロティックな要素を加えて翻訳した書物を、さらに日本語に訳したものがマルドリュス版なのである。驚くなかれ、有名な「アラジンと魔法のランプ」「アリババと四十人の盗賊」は、アラビア語原典にはなく、欧州語への翻訳の際、独立の民話が採り入れられたものとされている。

イスラム学者・前嶋信次氏と池田修氏の努力でアラビア語原典からの完訳はようやく一九九二年に完成し、現在は平凡社の東洋文庫シリーズで読める（以上の記述は「アラビアン・ナイト完訳なる」『朝日新聞』一九九二年八月二十五日夕刊を参照した）。アラビア語から直接翻訳されなければ、ほんとうの『千夜一夜物語』はわからずじまいだ。

翻訳の図書を選んで購入する場合でも、こうした翻訳の孕む問題点をいつも意識して選択をしているし、利用者自身も常に気を配ってほしいのだ。

②翻訳の意図が違う

アイルランドの偉大な小説家、ジェイムズ・ジョイスに二十世紀文学の最高傑作と呼ばれる『ユリシーズ』という作品がある。長年「翻訳不可能」とのレッテルを貼られ、翻訳者たちから敬遠された難攻不落の原典であった。

しかし、一九九六年には柳瀬尚紀氏の翻訳『ユリシーズ』(河出書房新社、一九九六〜)、新訳決定版と銘打った丸谷才一・永川玲二・高松雄一訳『ユリシーズ』全三巻(集英社、一九九六)と二つの翻訳が並び立った。前者は語り手が〈犬〉であるという新説にたって翻訳され、後者は従来どおり人間が語るものとして翻訳されているため、内容がかなり違うことになる(木下卓「J・ジョイスの一年」『週刊読書人』一九九六年十二月二十七日号)。

このように翻訳には「意図」もつきまとう。そこを理解したうえで、どう利用するのかを突きつめておかねばならないのだ。

以上、資料の評価のしかたについて、図書館で資料を選択する際の見極めポイントを雑談風に紹介した。利用者が図書館の資料を見る際の参考になればうれしいが、あくまで一般論であり、単なる参考意見にすぎない。資料の価値や良し悪しは、最終的には利用する人の技量によって決まる。ただ、形式面からだけでも、ある程度「よい本」と「よくない本」の違いを吟味できることをいいたかっただけである。

第3章

どうやって資料にたどりつくのか（1）

図書館主催の情報探索講習会（協力=日外アソシエーツ）

1　目録と書誌情報の世界

世に「外題《げだい》学問」「題簽《だいせん》学問」なる言葉がある。この言葉は、通常あまりよい意味には使われない。「外題」「題簽」とは、日本の古い書物の表紙に記してある書名のことである。種々の書名には通じていても、中身をよく知らないうわべだけの空疎な学問を揶揄して用いられることが多い。カタログに掲載された商品名は知っているが、内容をよく知らない半可通を軽蔑する表現だ。

しかし、私はこれには異を唱えたい。本当にそうだろうか。名前を知っていることは、決して空疎なことではない。むしろ、何か対象を定め、調査研究を行うには、必須の前提となるはずだ。

誰もが最初は「外題学問」から始めるしか手がない。カタログ思考でもかまわないのだ。この節では、少し遠回りをしながら、図書館を利用する上での目録の機能を勉強してみたい。私の乏しい経験からみても、目録を知ることは世界を読み解くための道具を手に入れることと同義であるからだ。

前口上はこの程度にして、さっそく卑近な例をあげて目録の真価を考えたい。

†目録の効用

目録――。英語で言えば、カタログCatalog（米）、Catalogue（英）となる。日本語の宛字は、「型録《かたろぐ》」。図書館で符丁のように使われる「目録」も、あっさり言ってしまえば、日常私たちの身辺に溢れているカタログの一種に過ぎない。

しかし、カタログは人間にとって、このうえなく重要なものなのだ。

平凡社『世界大百科事典』の「カタログ」の項では、「商品などの特性、機能、価格などの判断基準となる事項を記載したもの。他の広告媒体に比べ、説得性を強めるためにデータの整理、分別、評価がよくなされていることが特徴」とある（傍点筆者）。

つまり、特定の何ものかを他のものと区別し、個性をもったひとつのものとしてアイデンティファイするために不可欠なものがカタログなのだ。それゆえ図書館を利用するには、目録の持つ最低限の意義を確認し、読者の観察力を練磨してもらわなくてはならない。

例をあげて考えてみよう。

仮に、あなたが某大企業の人事部長であると仮定する。人材採用のシーズンを迎え、優秀な人材を数十名採用しなければならない。最初にあなたは何をするだろうか？

当然、採用試験に応募してもらうために採用の旨を広報する。何百、何千の応募者が想定される場合はどうするか。

そう、まずもって履歴書と願書を送付してもらうはずである。ふつう、履歴書をみて会社の業務に適った候補者を絞り、これはという人物を面接や試験に呼ぶ。

その時提出される履歴書を思い出してもらいたい。履歴書は、応募者の名前、年齢、住所、学歴、資格、趣味、家族等を記す欄で埋められているはずだ。

しかも、履歴書用紙のフォーマットは、製造文具メーカーによって多少の違いはあっても、ほぼ同じ内容が記述される形式になっている。ここがミソなのである。履歴書はあるフォーマット（基準）に従って人間を比較評価するための、社会共通ルールに則った典型的な「人物情報のカタログ」といえる。

私たちは、履歴書から多くの情報を得る。家族構成から人物の性格、人となりを想像する。資格欄からは、彼（彼女）に備わった能力の公的な品質保証を垣間見る。

まさに特定人物の「人物目録」でなくしてなんであろう。その人物のこれまでの人生を代弁するほどの情報が含まれているわけである。

もうひとつ例をあげる。

妙齢のお嬢さん・お坊ちゃんがお見合いする時に提出する「釣書《つりがき》」。これも重要な目録である。若い人からは「何それ？」と言われそうだ。しかし、同じ内容のものはどこにでもある。結婚コンサルタント会社が管理している結婚情報データベースの個人情報が一種の「釣書」と考えられる。

「釣書」の内容は、見合いをする本人の経歴、父母や係累の経歴について詳述したものだ。「釣書」なるカタログをみて、収入をとるか、学歴をとるか、容姿をとるか、家柄をとるか。どの点を重視するかは選ぶ人によって異なるが、評価のポイントが示されている。評価ポイントが提示されるところが、目録の本質なのだ。

†目録は世界を読み解くフィルター

職業柄、私は目録やカタログと名のつくものに執心する癖《へき》がある。最近、目録の効用を語るに恰好のカタログを発見した。図にあげた名古屋市博物館編『伊藤隆夫カメラコレクション』（名古屋市博物館、二〇〇〇）である（図表8）。

このカタログは、名古屋市在住の伊藤隆夫氏が三十年に亘って収集した二千台を超えるカメラを、名古屋市博物館に寄贈されたのを機にリスト化したものである。

早速繙《ひもと》くと、クラシックカメラが、A：ボックスタイプ、B：蛇腹タイプ、C：レフレックスタイプなど形状から分類できること、さらに細かい分類のためには、①機種名、

図表8　カタログの事例（名古屋市博物館編『伊藤隆夫カメラコレクション』）

②メーカー、③国名、④製作年、⑤イメージサイズ、⑥フィルム形式、⑦レンズ、⑧シャッター、⑨備考、⑩整理番号の各項目が設定できることがわかる。

　私はカメラについての見識は一切持たないし、また興味もない。使い方もよく知らないシロウトである。だがこの本を見れば、たちどころにクラシックカメラの評価、分類、比較のポイントが先の①から⑨にあることが理解できる。

　こうした事例をみれば、目録やカタログは一種の「世界を読み解くフィルター装置」であり、眼を磨くための道具であることを理解いただけるはずだ。

　因《ちな》みにカタログの語源は、ギリシャ語のカタ・ロゴスである。あの新約聖書ヨハネ福音書の冒頭を飾る有名な一節「初めにロゴス（言葉）ありき」のロゴスに通じる。哲学者ハイデガーはロゴスの語源を分析し、「集めて整理し、秩序立てること」がその真意であると考えた。つまり、カタ・ロゴスは物事を整理・分類する性質を原初か

図表9　一般的な図書館の目録表示画面

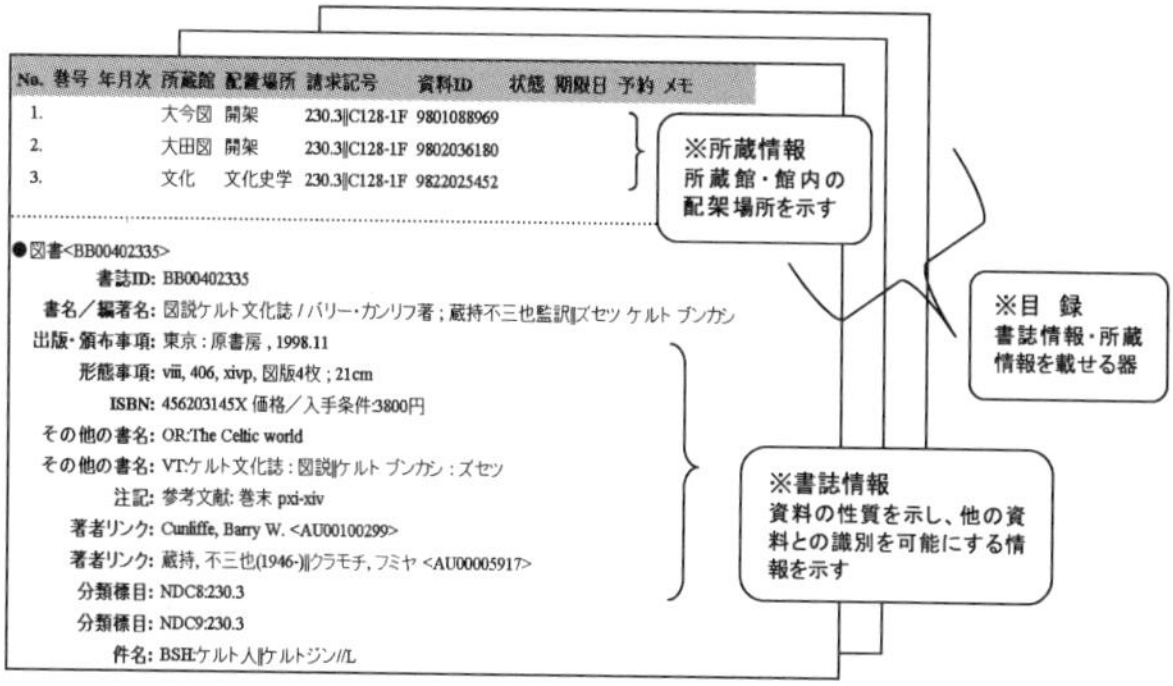

ら宿しているということだ（丸山圭三郎著『言葉と無意識』講談社、一九八七）。

ただし、森羅万象を読み解くのに共通の目録の枠組みがあるわけではない。人物を評価するためには人物用の目録である履歴書が必要であるように、図書館には図書や雑誌用の目録が必要となる。利用目的に応じて（つまり、人事採用か資料利用か）目録のフォーマットはおのずと異なってくるわけである。

†図書館の目録と書誌情報・所蔵情報

さて、図書館の目録について語る前に、どうしても覚えておいてほしい専門用語がある。

それは、**①目録**、**②書誌《しょし》情報・所蔵情報**という用語である（図表9）。

目録は、ある特定資料の性質と、その所在を確認する情報を記述したものと定義づけられる。図書館のカード目録・コンピュータ目録検索システムなど、**情報を盛る器《うつわ》の部分が目録**であると考えておけばよい。

これに対して、器に盛られた内容、つまり目録に記述された内容のうち、書名・著者名・出版者（社）、発行年月など**資料の性質を示し他の資料と識別するための項目を書誌情報**、そして該当資料の**所在場所を示す項目を所蔵情報**という。

アナロジーでいえば、履歴書と人物情報の関係が、図書館目録と書誌情報・所蔵情報との関係にあたるといえよう。要するに容器と中身の関係である。

特に重要なのが、図書館の目録に記述された書誌情報の部分である。履歴書が人物情報の目録であるのに対し、図書館の目録は書誌情報の目録であると言われる。この書誌情報という専門用語だけは、何としてもこの機会に覚えていただきたい。

記憶に残りやすいように繰り返しておこう。「書誌」の意味は、書物について誌《しる》すの意と覚えればよい。どんな本が世の中にあって、どんな内容と形態をもっているかを記述したものが書誌情報である。

図書館は、情報のパッケージである図書や雑誌というアイテムに対し、比較・対照のための評価項目（書名・著者名・出版者〔社〕などの書誌情報）を提供してきたのであり、この作業に長けた伝統を有する機関なのである。目録づくりは、歴史的にみて図書館の十八番《おはこ》といってよいのだ。

資料・情報を取り扱うには、資料そのものの蓄積と、それらを比較・評価する材料となる書誌情報、所在場所を確認する所蔵情報の提供が不可欠となる。このため、利用者が資料を探索していくには、目録に記述された書誌情報・所蔵情報を読みとる手続きが必要だ。

作家の林望氏が口を酸っぱくして言うことがある。「ものというのはいくらどれほどの注意力を込めてにらんでも何もわからない。けれども、二つを並べて比べてみると、ちょっとした努力でものの本質がわかってくることが知れる」(林望×紀田順一郎×荒俣宏「書誌学の思想」、紀田順一郎・荒俣宏著『コンピューターの宇宙誌』ジャストシステム、一九九三)

資料の世界もまったくそうだ。

目録を検索して同種の本を見つけても、書誌情報の出版年の記述をみればよい。一九六〇年刊行の図書と二〇〇二年刊行の図書があれば、まず新しい成果が盛り込まれているであろう二〇〇二年刊行図書から読もうとする。出版年で比較・評価した結果だ。

また、二〇〇二年刊行の図書でも、異なる出版社から刊行された本がA・B二種類ある。どちらから読もうかと迷う。目録の形態についての記述をみると、Aはタテ二四センチメートルの五八四頁、Bはタテ一九センチメートルの一九八頁。入門書や概説書に近いものを必要としている時であれば、Bを利用することになるだろう。

資料を比較・対照するために図書館の目録があり、評価・識別のために書誌情報が記述されていることを忘れないでもらいたい。

†瑣末にこだわるのは学術研究のため

図書館では目録を作成すること、書誌情報を提供することが第一義の任務と言われてきた。一般の人からは、世の中にある図書や雑誌に対して決まったフォーマットでカタログを提供しているだけではないか、との誹りを受けるかもしれない。

しかし、目録作成は簡単ではない。例えば、本に改訂版がでれば、前の版とは違う目録を作成しなくてはならない。どんな版でも「読めりゃあいい」では許されない。版が変わっているなら印刷の組版も変わっているので、当然書かれている本文も異なる。本文が異なることは調査研究上たいへん重要なことになるので、かならず別の目録を作成し、各々が相違することを示さねばならないと目録規則で決められている。

例えば、現代国語辞典の雄、『広辞苑』の改訂版がでると、新たに収録された言葉と削除された言葉がある。ということは、かならず改訂版と改訂前の『広辞苑』は違う個性を持った本として扱わねばならないので、別々の目録が必要になる。

少し考えてみればこれは当たり前の話だ。人間の場合でも新しい資格を取得したりキャリアを積んだりすると、その時点で履歴書は書き換えられる。六十歳で再就職する人が、まさか大学卒業時の履歴書を提出するはずはない。人間も「改訂」されているからだ。

古典資料ともなれば、もっと凄いことになる。

誰もが知っている劇作家・シェークスピアを例にあげよう。彼の作品や全集は、十七世紀以降西洋世界で数多くの版本が刊行されたが、『リヤ王』『ハムレット』であっても、一つとして同じ本文を持つ版が存在しないという事実が調査で明らかになっている。

当然テキスト本文が違うわけであるから、何種類もの『リヤ王』や『ハムレット』に対し、個別の目録が作成されることになる。本文が違えば文学研究上、解釈も変わってくるからだ。聖書をはじめ、アダム・スミスの『国富論』、トマス・ホッブズの『リヴァイアサン』など社会科学の古典でも、十八世紀以前の書物で全く同一の本文しかない書物など皆無であるとさえ言われている。

日本の古い書物も、目録を作成するとなると難儀である。江戸時代の書物の多くは木版印刷であったため、本文の版木が一部差し替えて印刷されていたり、刊年部分や版元名を入れ替えたりしている本が多く、同定するのは極めて難しい。

これを図書館の目録以上の詳細度で行っているのが書誌学と呼ばれる学問である。いかなる苦労が付随するかは、私が「三分間でわかる書誌学」と信じて疑わない林望氏の秀逸エッセイ、「目録よ、生きて語れ！」（林望著『ホルムヘッドの謎』文藝春秋、一九九二）を参照してもらえばよい。

話は突然かわるが、目録の重要性は美術作品の世界も同じである。

読者が必ず一度は目にするノルウェーの画家・ムンクの「叫び」。教科書掲載の絵画「叫び」が一種類しか存在しないと信じている人も多いのではないか。実は、他にも数種類のムンクの「叫び」が存在する。油彩画の「叫び」も版画の「叫び」もあるのだ。

美術の世界でも、各々に絵画作品目録が作成される。最後の「叫び」に行き着くまで、何種類の「叫び」をいつ、どのようにムンクが製作したのか。初期段階からどのように技法やモチーフが変化したのか。このプロセスを分析できなければ研究にならない。当然のごとく、各々の「叫び」に対して目録が作成されることになるのだ。

†カタロガーは雲上人か

目録をつくる。現物資料をみて、微細な内容の違いを読み取り、書誌情報を記述する。雑誌であれば、発行時期、雑誌名の変更、発行頻度の変更（月刊から週刊になど）を検分して作成する。まことに煩瑣な作業が裏側で行われている。

図書館の目録作成に従事する通称カタロガーたちは、少なくとも私の勤める図書館では先頃まで「雲上人《うんじようびと》」の扱いであった。

何しろ図書館の事務室フロアにすら差がつけられていた。私が勤める図書館は一階が貸出・返却の担当事務室、二階が目録作成担当者の事務室となっている。館長室も二階だ。図書館で働き始めた頃、「あのねえ、君。図書館員って、小難しい資料の内容をビシッと咀嚼《そしやく》して、目録を作れるかどうかが能力の見極め点なのだよ。だから、目録担当者は事務室も二階にしてあって、館長に謁見できるすぐ側にいるのよ」と囁く人がいた。

まるで、平安時代の「殿上人《てんじようびと》」（昇殿を許された人）ではないか。当時貸出・返却を担当していた私には、「自分たちは図書館の地下人《じげにん》か？」とすら思われた。

「君がしばらく勤めて、人事異動で二階に上がってこられるかどうかを見守っているよ」半分は冗談であろう。しかし、カタロガーがいかほどの能力を求められ（ラテン語やギリシャ語、古文書の草書体文字も読めるなど）、プライドを持っていたかを示すエピソードとして紹介しておきたい。

さて、お遊びはこれくらいにして、実際の目録や分類に話を移そう。ただ、読者には最初に述べたように、カタログの効用についてはしっかり記憶していただきたいのだ。

2 目録の見方・使い方の実際

具体的に図書館に足を運び、目録を使ってどう資料にアプローチするかを考えよう。

昨今ではカード目録は少なくなり、コンピュータでの目録検索が主流である。図書館の蔵書資料を検索するオンライン目録は、OPAC（Online Public Access Catalog）と呼ばれる。具体的な検索方法は、各図書館の「検索マニュアル」や講習会に委ねるとして、検索時の目録の見方について詳述したい（以下、画面の事例は同志社大学のOPACである）。

†OPACを検索する

まず、例にあげた目録検索画面をみてもらいたい。検索するためには検索語、つまりキーワードを入力するだけでよいが、ここでは遺伝子操作というキーワードをタイトルに含んだ図書を探すことにしよう。

OPACには、タイトル・著者名・出版者（社）など多くのアクセスポイントがある。探したい項目にキーワードを入れて検索ボタンを押すのが、検索の「始めの一歩」である。

図表10　OPACの初期入力画面

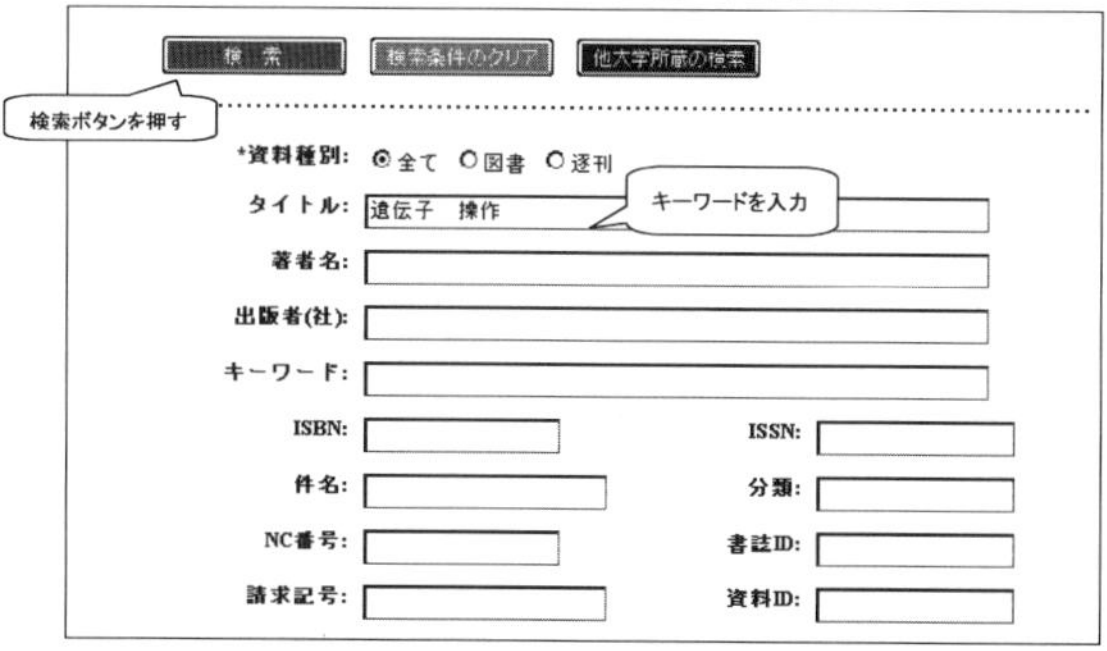

図表11　OPACの書誌表示画面

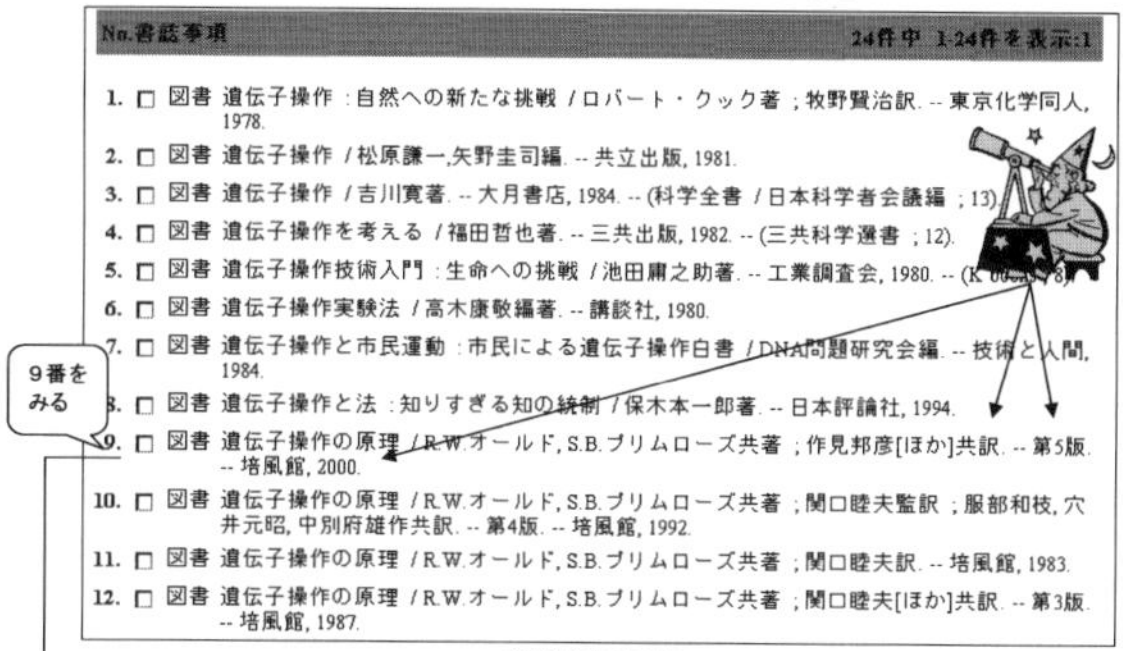

＜簡略表示画面＞

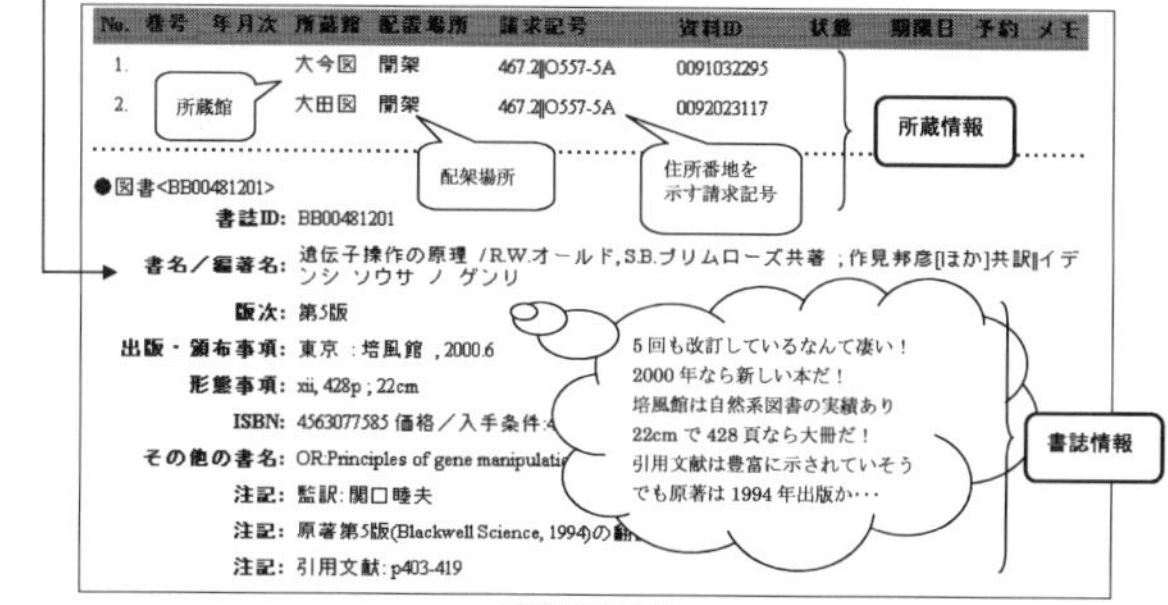

＜詳細表示画面＞

タイトル項目に「遺伝子」「操作」を入力して検索ボタンを押す（図表10）。

多くの場合、簡略表示と呼ばれる画面があらわれる。ヒットした資料全般にざっと目を通すために、まず簡略な書誌情報が表示されるわけだ（図表11上）。

簡略表示のなかから見たい図書を選択してクリックすれば、完全な書誌情報を表示する詳細画面にとぶことができる。ここでは9番の『遺伝子操作の原理』をみよう。

詳細表示画面には、先に説明した書誌情報が記述されている。該当図書の正確な書名は何なのか、著者は誰なのか、出版社はどこかといった情報の記述がある。書誌情報の上部（下部に表示するOPACもある）に表示されているのが所在場所を示す所蔵情報である。

OPACには、必ず書誌情報と所蔵情報が表示されている。図書館ではひとつひとつの資料に対して、書誌情報と所蔵情報を作成して利用者に提供しているわけだ。

†図書の目録の見方

重要なのはOPACの検索方法ではなく、目録に記述された書誌情報の読み取りプロセスである。例を用いて、もう少し目録の見方について勉強してみよう。

〈簡略表示画面〉

簡略表示画面では十二件の図書が縦に並んで表示されていた。この簡略表示を漫然と眺めていても意味はない。表示されている情報から読み取れるプロセスは次のようになる。

①「遺伝子操作の場合、研究は日進月歩のはず。まずは、できるだけ最近発行の図書を参照したい」

②「翻訳図書は翻訳版権料を支払ってまで出版されるものなので、価値があるだろう」

③「出版社は自然科学や工学分野で実績のある培風館とある」

④「9番から12番まで同じ図書が並んでいるが、初版から各改訂版が存在しているようだ。改訂版が出ているということは、学界評価も高く、内容の生命を長く保っているので安心である。最新版である第5版から目を通すため、9番を選ぼう」

〈詳細表示画面〉

次に詳細画面をみれば、誰でも次のように考えるはずだ。

①「詳細な書誌情報をみると、タテ二二センチメートル(A5判)で四二八頁の大冊だ。理科系の図書なのでおそらく横書き、一頁は一行四〇文字程度で縦は三六行程度か。四〇〇字詰め原稿用紙で、一五〇〇枚の分量になる。期待できそうだ」

②「引用文献が四〇三頁から四一九頁まで一七頁にわたっている。一頁に三五本程文献が並んでいると予測して、三五本×一七頁で参考文献は約六〇〇本が列挙されているのではないか。これは助かる」(実際には一二〇〇本あまりの文献を掲載)

③「但し、原書は英語で一九九四年発行である。翻訳は二〇〇〇年だが、さらに改訂がでていないだろうか。翻訳された第6版がないか探したほうがよさそうだ」

目録を検索し書誌情報を見た結果、以上のような思考プロセスを辿ることができる。書誌情報はこうした判断のプロセスを可能にする材料を提供してくれるのだ。

読者もホームライブラリーの目録検索をしたときには、注意深く目録の書誌情報の記述に目を凝らし、内容を読みとってほしい。これができるかできないかで、文献探索能力・情報探索能力に相当な差がついてしまうからである。

†雑誌の目録の見方

雑誌の目録の見方は、図書の場合とは異なるので注意が必要だ。

原則として図書の場合は、一冊それぞれに固有のタイトルがついているが、雑誌は同じタイトルを掲げて継続的に発行されるのが常である。つまり発刊から終刊まで同じタイトルを保持し、それぞれ「巻」や「号」、「年月次」で区別される。一九七〇年創刊の雑誌『an・an（アンアン）』は、いまでもタイトルは『an・an（アンアン）』名で発行されている。

その結果、目録で所蔵情報が示される場合は、「第何巻、第何号」という表示にならざるをえない。具体的には次にあげるような目録表示形式となるが、書誌情報と所蔵情報に

図表 12 『天文と気象』の目録

所蔵館	配置場所	配置場所2	請求記号	備考
工学部	機械		P440.1‖T4	別置
所　蔵	(1976-1983)42-49			

所蔵情報
42 巻(1976)から 49 巻(1983)まで
工学部の機械学科で所蔵している
請求記号は P440.1;T4 である

49 巻 7 号は？

●逐次刊行物<SB

書誌ID: SB

誌名／編著者: 天文と気象‖テンモン ト キショウ

巻次・年月次: 15巻1号～49巻6号(1949～83)

出版事項: 東京 : 地人書館 , 1949～83

形態事項: 26cm

変遷注記: 継続前誌:天気と気候 / T0893 <>

変遷注記: 継続後誌:月刊天文 / G0373 <>

刊行頻度: 月刊

著者リンク: 地人書館‖チジン ショカン <AU0006

本文言語: 日本語

N C番号: AN00154577

書誌情報
この雑誌の性格を示す情報
巻次・年月次から雑誌『天文と気象』は 15 巻 1 号から 49 巻 6 号まででしか世の中に存在しないことがわかる

※変遷に注意！
雑誌のタイトルが何度も変更されている。
「天文と気象」の前は「天気と気候」、後は「月刊天文」とタイトル名を変えているのだ！

図表 13 『月刊天文』の目録

1件中 1-1件を表示:1

所蔵館	配置場所	配置場所2	請求記号	備考
工学部	機械		P440.1‖G	別置
所　蔵	(1983-1992)49-58			

49 巻所蔵あり

●逐次刊行物<SB00956328>

書誌ID: SB00956328

誌名／編著者: 月刊天文‖ゲッカン テンモン

巻次・年月次: 49巻7号(1983)～

出版事項: 東京 : 地人書館 , 1983～

形態事項: 26cm

変遷注記: 継続前誌:天文と気象 / T0892 <>

刊行頻度: 月刊

著者リンク: 地人書館‖チジン ショカン <AU00060107>

本文言語: 日本語

NC番号: AN00028095

『月刊天文』は 49 巻 7 号から始まる

十分注意してもらいたい。

ここでは実際にあった事例をあげる。

ある利用者が『天文と気象』の四九巻七号に掲載されている論文を読みたいと図書館にやってきた。OPACで『天文と気象』を検索したが、目録の所蔵情報から工学部の図書室にあることがわかった（図表12）。見に行こうと歩き出した利用者に対し、思わず待ったをかけた。「この雑誌に求める論文は載っていないですよ！　あなたの読みたい論文は、『天文と気象』の四九巻七号ではなく、多分『月刊天文』の四九巻七号にはいっているはずです」

何を言っているのかわからないであろうから、じっくり解説する必要がある。

①書誌情報に目を凝らすと、雑誌『天文と気象』はそもそも一五巻一号から四九巻六号までしか発行されていないことが判明する。これはおかしい。ふつう雑誌は一巻一号から始まるはずである。

②疑問を氷解させる書誌情報がある。「変遷注記」だ。これは雑誌のタイトルが変わったときなどに記述される。継続前誌に『天気と気候』とある。つまり雑誌『天文と気象』は、一九四九年の一五巻一号より前は、『天気と気候』という名で発行されていた。だから、『天文と気象』の始まりは一巻一号ではなく、一五巻一号なのだ。

③継続後誌をみると『月刊天文』とある。ということは、雑誌『天文と気象』は再度名前を変えて発行されていることになる（『天気と気候』→『天文と気象』→『月刊天文』）。それゆえ、『天文と気象』の巻次・年月次は四九巻六号で終わっているのだ。つまり、利用者がいま求めている四九巻七号は、実は『天文と気象』ではなく、タイトルが変更された継続後誌『月刊天文』の四九巻七号に違いない。

④『月刊天文』を検索しなおすと、図表13のような書誌・所蔵情報が表示され、四九巻七号は同じ工学部機械学科で所蔵していることがわかる。探している論文を読むには、『天文と気象』ではなく『月刊天文』を見なければならない。利用者のメモは、参考文献表記に『月刊天文』とすべきところを『天文と気象』と論文執筆者が誤ったものと推測できる。

予想どおり、『月刊天文』の書誌情報では、巻次・年月次を見れば確かに四九巻七号から始まっている。それ以降タイトル名を変えることなく、現在も発行されていることが、「49巻7号（1983）～」の右側に何も表示がないことから読み取れるのだ。

こうした点検過程を経て、利用者は『月刊天文』の四九巻七号掲載の論文をみることができるわけである。

目録を使うには結構な技が要る。だからこそ、人事採用の履歴書を精読するように、見合いの「釣書」に目を凝らすように読まねばならない。先の「変遷注記」は、欧米の目録用語では、ファミリー情報と呼ばれる。『天文と気象』のお父さん雑誌は『天気と気候』であり、子供雑誌は『月刊天文』ということができるからだ。まさに「家族」ではないか。だから図書館の目録は、資料世界の「釣書」であると予《あらかじ》め第1節で告げておいたのである。

†他館所蔵の資料を探す——総合目録の利用など

①国立情報学研究所　NACSIS Webcat（http://webcat.nii.ac.jp/）

ところで、自分が探している資料がいつもホームライブラリーにあるとは限らない。財政面から考えても、すべての刊行物を購入することは不可能である。また努力しても入手できなかった灰色文献があるはずだ。

では、どうしたらいいのか。いま探している資料が、どこの大学や研究所に所蔵されているのかを調査したい場合に、大学生必須のデータベースが存在している。それが、国立情報学研究所（NII）がインターネット上で公開している総合目録データベース、NACSIS Webcat である。

総合目録というのは、どの資料をどの機関が所蔵しているかを示すための目録で、複数の協力関係にある図書館によって運営されるものである。国立情報学研究所（NII）に参加・加盟している日本全国の大学・短期大学、一部公共図書館等が協力して、所蔵する資料をＷｅｂ上で検索できるように維持しているというわけだ。

NACSIS Webcatはいまや、一千を超える参加機関が所蔵する図書・雑誌類、視聴覚資料類を検索できるデータベースに成長している。

参加館は相互に連携しあっているので、所蔵大学・所蔵機関が判明すれば、相互利用サービスを通じて資料を利用できる体制が整えられている。またNACSIS Webcatの元データを参加館同士でやりとりすることで、相手館から文献複写を取り寄せたり、現物を貸与してもらうことも可能だ。特に大学図書館の世界では相互利用は隆盛の一途をたどっているので、NACSIS Webcatはまさに大学生御用達の総合目録といえよう。

試みに先の事例『遺伝子操作の原理』を検索してみよう。全国でどれだけの図書館が所蔵しているかを検証するため、詳細表示画面をみると、二〇〇四年三月一日現在、ＮＩＩ目録所在情報サービス参加館のうち、百五十二館が所蔵している。このことから、信頼度の高い基本的な研究書であることがわかる（図表14）。

②国立国会図書館　NDL-OPAC（http://opac.ndl.go.jp/）

ホームライブラリーのＯＰＡＣを検索しても所蔵していなかった、大学・研究機関の総合目録NACSIS Webcatにも見あたらない。でも諦めるのはまだ早い。国立国会図書館

図表14　NACSIS Webcat 詳細画面

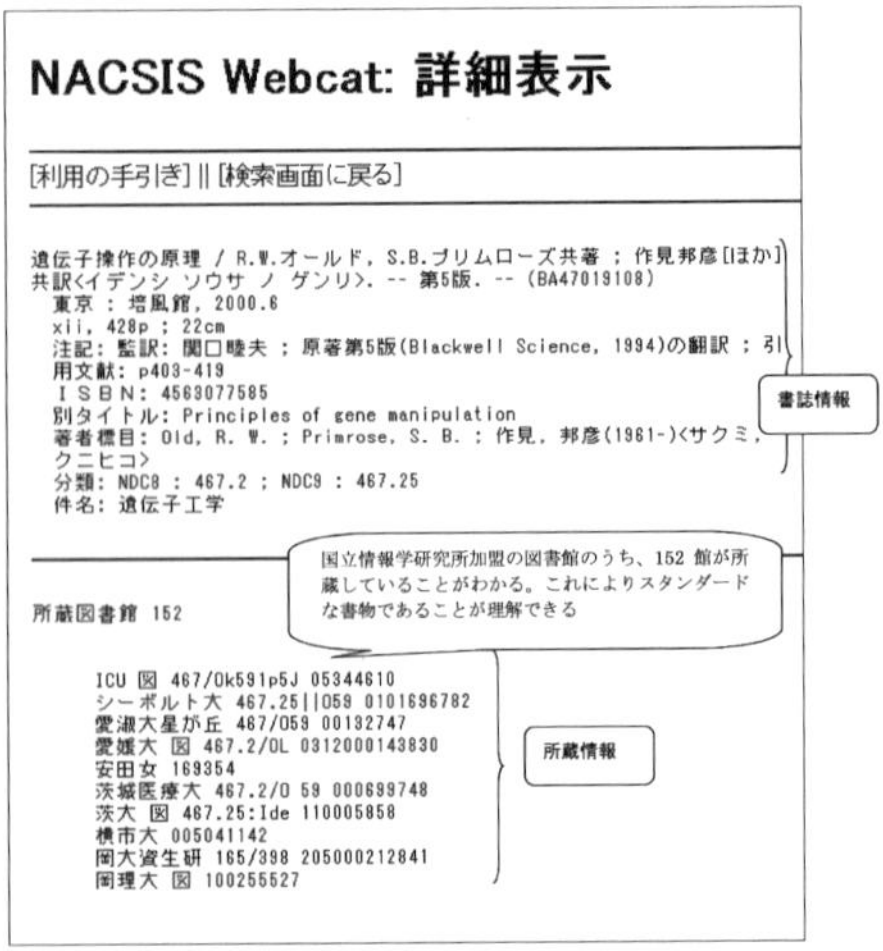

のOPACであるNDL-OPACが残っている（NDLは国立国会図書館の英文名National Diet Library の略）。

国立国会図書館法では、国内刊行物に関する納本制度が定められている。納本漏れも散見するが、国内刊行物を最も網羅的に集めているのが国立国会図書館であれば、最後の拠り所としてこちらも検索しておく必要がある。

国民の税金で運営されている図書館であるので、当然のことながら検索は無料である。検索でヒットした資料は、国立国会図書館で所蔵されている。古い資料など一部を除いて閲覧することができるし、地方在住で国立国会図書館を直接訪問できない場合は、現物を近隣の公共図書館や大学図書館に送付してもらえることも覚えておいてほしい。

③ OCLC WorldCat（http://www.oclc.org/）

図表15　OCLC FirstSearch WorldCat 世界の所蔵館表示画面

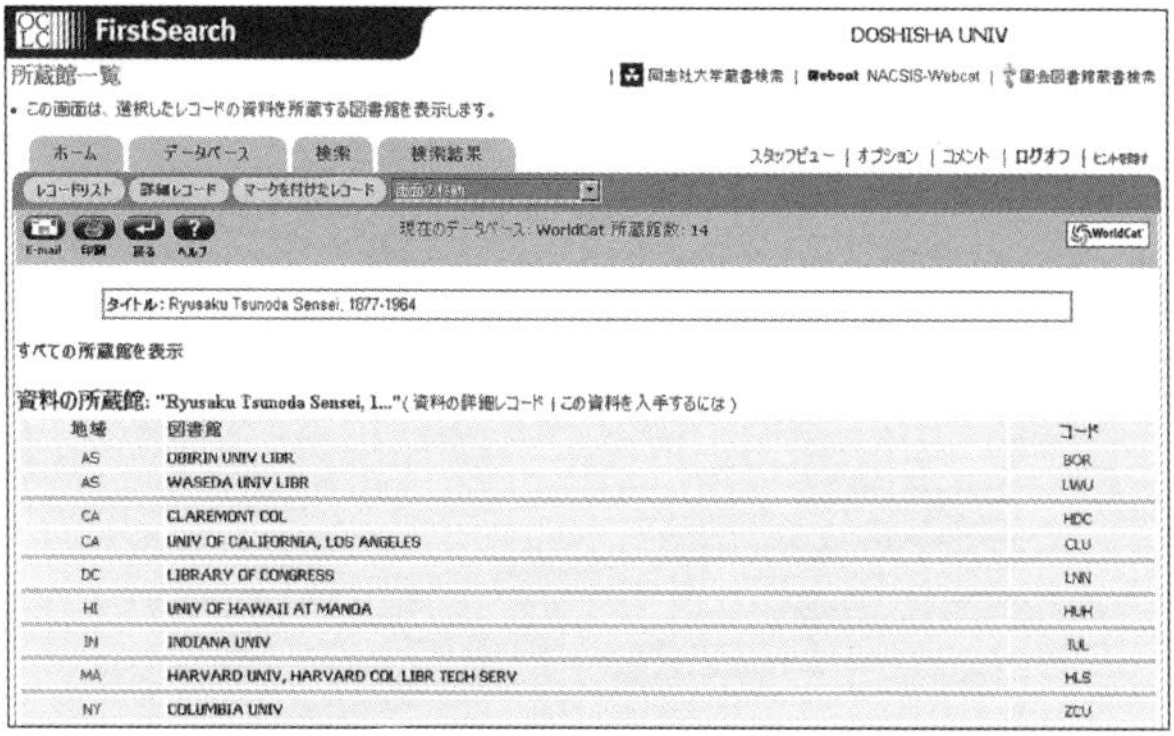

(a) the screenshot is used with OCLC's permission
(b) the copyright rights in the screenshots are owned by OCLC
(c) FirstSearch, WorldCat and the WorldCat logo are trademarks and/or service marks of OCLC Online Computer Library Center, Inc.

ホームライブラリーのOPAC、NACSIS Webcat、NDL-OPACでほぼ国内の所蔵状況はつかめる。だが、求める資料が日本国内にあるとは限らない。そんな場合に利用するのが、米国OCLC (Online Computer Library Center) が提供するWorldCatである。

WorldCatはOCLCが提供する情報検索サービスFirstSearchに含まれる一データベースで、米欧を中心とした世界最大の総合目録（書誌レコード数は五千二百万件）である。有料ではあるが、既に大学図書館の中には大学負担で利用者に公開しているところもあると聞いている。試みに第2章であげた米国における日本学の祖・角田柳作の英文追悼録であ

る *Ryusaku Tsunoda Sensei, 1877–1964* を WorldCat で検索すると世界の所蔵館はすぐにわかる（図表15）。

地域AS：アジア地区では桜美林大学・早稲田大学で所蔵し、アメリカ国内では、DC＝ワシントン・D．C．の米国議会図書館、MA＝マサチューセッツ州ではハーバード大学、NY＝ニューヨーク州ではコロンビア大学が所蔵、と容易に確認できる。もちろん所蔵大学の多くは、複写依頼や借用依頼に応じて彼の地から郵送してくれる。

目録の世界は世界規模になってきている。見つからないのは、探索不足や作業怠慢のせいかもしれない。見つからないと嘆く前に、まずは図書館で相談しよう。必ず何らかの手がかりが得られるはずだ。

3　本の並べ方にも意味がある

この節では資料の分類と並べ方について、最低限の約束事を確認しておくことにする。

図書館の資料は、出鱈目《でたらめ》に並んでいるわけではない。特定の規則と約束事にしたがって並べられている。もちろん図書館によってその規則は異なるが。

図表 16 『日本十進分類法』(NDC)

第2次区分表（綱目表）

00 総記
01 図書館．図書館学
02 図書．書誌学
03 百科事典
04 一般論文集．一般講演集
05 逐次刊行物
06 団体
07 ジャーナリズム．新聞
08 叢書．全集．選集
09+ 貴重書．郷土資料．その他の特別コレクション

10 哲学
11 哲学各論
12 東洋思想
13 西洋哲学
14 心理学
15 倫理学．道徳
16 宗教
17 神道
18 仏教
19 キリスト教

20 歴史
21 日本史
22 アジア史．東洋史
23 ヨーロッパ史．西洋史
24 アフリカ史
25 北アメリカ史
26 南アメリカ史
27 オセアニア史．両極地方史
28 伝記
29 地理．地誌．紀行

30 社会科学
31 政治
32 法律
33 経済
34 財政
35 統計
36 社会
37 教育
38 風俗習慣．民俗学．民族学
39 国防．軍事

40 自然科学
41 数学
42 物理学
43 化学
44 天文学．宇宙科学
45 地球科学．地学
46 生物科学．一般生物学
47 植物学
48 動物学
49 医学．薬学

50 技術．工学
51 建設工学．土木工学
52 建築学
53 機械工学．原子力工学
54 電気工学．電子工学
55 海洋工学．船舶工学．兵器
56 金属工学．鉱山工学
57 化学工業
58 製造工業
59 家政学．生活科学

60 産業
61 農業
62 園芸
63 蚕糸業
64 畜産業．獣医学
65 林業
66 水産業
67 商業
68 運輸．交通
69 通信事業

70 芸術．美術
71 彫刻
72 絵画．書道
73 版画
74 写真．印刷
75 工芸
76 音楽．舞踊
77 演劇．映画
78 スポーツ．体育
79 諸芸．娯楽

80 言語
81 日本語
82 中国語．その他の東洋の諸言語
83 英語
84 ドイツ語
85 フランス語
86 スペイン語
87 イタリア語
88 ロシア語
89 その他の諸言語

90 文学
91 日本文学
92 中国文学．その他の東洋文学
93 英米文学
94 ドイツ文学
95 フランス文学
96 スペイン文学
97 イタリア文学
98 ロシア・ソヴィエト文学
99 その他の諸文学

図表17　NDCと請求記号のしくみ

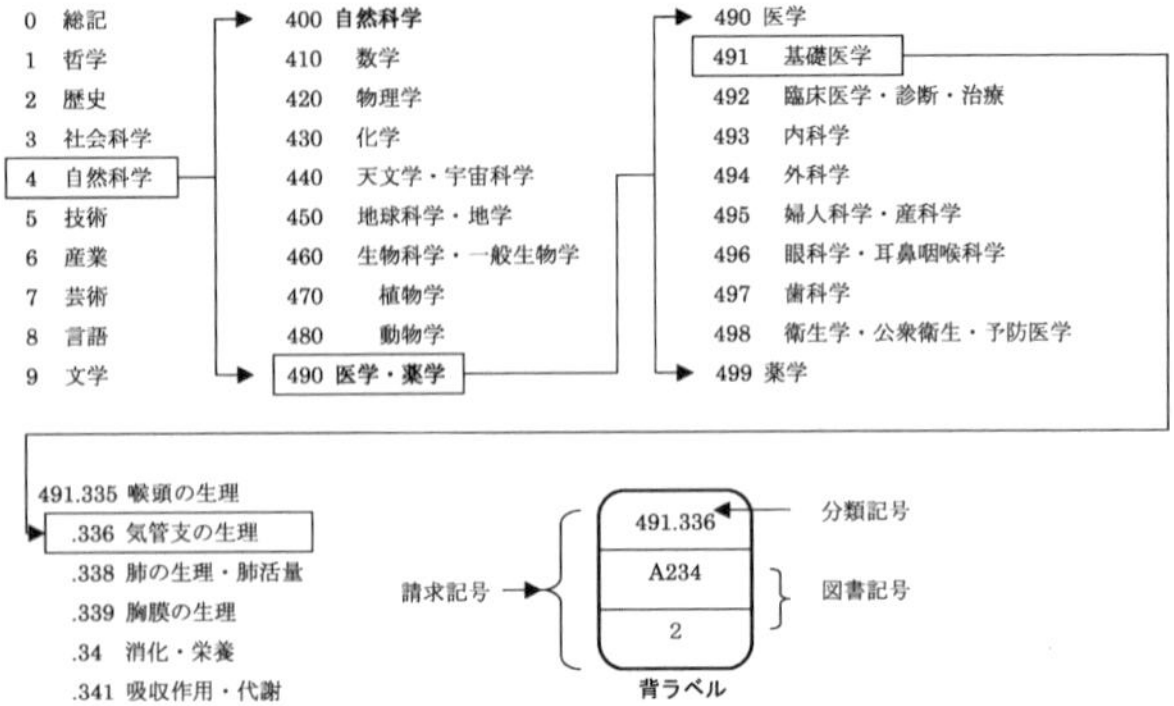

†日本十進分類法

大学図書館には、夥しい数の資料が所蔵されている。数百万冊の蔵書を誇る大学図書館などざらである。また、所蔵資料の内容が多種多様であることは第2章でも述べた。

図書館としては、利用者が容易に資料を取り出せるように工夫しておく必要がある。ランダムに置いて簡単に利用できるのは、個人の家の本棚だけであろう。このため、基本的には資料の主題やテーマに沿って分類され、内容別に並べることになる。その際、主題やテーマによるグループ分けを行い、特定の数字と記号を与えることで整然とした体系をもたせようとするのが図書館の分類法である。

分類法には複数の種類があるが、日本で最も一般的で多くの図書館が採用する分類法は、『日本十進分類法』（NDC：Nippon Decimal Classification の略）だ。図書館は様々な人が利用する場所なので、標準的な運用を行うためには統一された分類法のもとで運営されることが不可避である。『日本十進分類法』の主題の分け方に少々不満があっても、ご辛抱いただきたい。

『日本十進分類法』の分類法は、別表を見てもらいながら説明しよう（図表16）。世の森羅万象、世の学問体系を0から9までの数字を記号として用い、まずは十系統にグループ化する。0は総記、1は哲学、2歴史、3は社会科学、4は自然科学、5は技術、6は産業、7は芸術、8は言語、9は文学となる。各々の中を、また0から9の数字を使って展開していくことになる。

数字三桁で分類したあとは、さらに小数点以下の細目を0から9までの数字で展開するので、相当細かい主題を表示することが可能になる（図表17）。

どの主題が何番にあたるのかは、付録の『相関索引』を利用すればよい。『相関索引』は主題やテーマを言葉で引いて、該当する分類を示すように編集されている。

目録の作成者は、本の内容を確認したうえで、分類法の細分化された分類記号を付与していく。つまり、人間が主題内容を吟味して分類記号をふる。この分類記号で資料を探すことができる意味はたいへん大きい。

例えば、遺伝子関係の本のタイトルに必ずしも「遺伝子」という言葉が含まれていると は限らない。「DNA」や「ゲノム」と表現されているかもしれない。キーワードで検索して漏れるおそれがある場合は、遺伝子にあたる分類記号で検索すればどちらも探せる。分類記号は多くの場合、本の背に添付してあるラベルの一番上の段に表示されている。このラベルに書かれた分類記号の順に本を並べれば、当然同じ内容の本、同じ主題を扱った本は、一ヶ所に固まって並んでくるわけだ。

注意してほしいのはヨミ方である。数字は位を意味しているのではなく、主題を示す記号なので、例えば、491.336［気管支生理］は、「ヨンヒャクキュウジュウイチ テン サンサンロク」ではなく「ヨンキュウイチ テン サンサンロク」とよまねばならない。

最近耳にした笑い話であるが、ある高名な大学で大量に図書を注文する機会があった。書店の担当者に来てもらい、購入図書の分類について言及したところ、「数字の最後の桁は四捨五入してもよいか」と質問されたので、注文先を別の書店に変更したとのこと。先の491.336を四捨五入し、491.34にすれば［消化、栄養］にあたり、まったく違う主題を表すことになる。

機会があれば、『日本十進分類法』（新訂九版、日本図書館協会、一九九五）を手にとって眺めてみることをお勧めする。もちろん、『日本十進分類法』を採用しない図書館も存在する。京都大学附属図書館をはじめ、大きな国立大学図書館では『国立国会図書館分類表』を採用している場合もある。

請求記号は資料の住所番地

さて、次は請求記号である。

本の背に貼付されているラベルの記号を請求記号と呼ぶ。図書館では、本や雑誌など資料は、請求記号の順によって並べられている。

先に分類記号に言及したが、分類記号は請求記号の一部を形成しており、分類記号のほかに、アルファベットや五十音をつかった図書記号と呼ばれる記号も併用されている。

図表18　書架での本の並び方

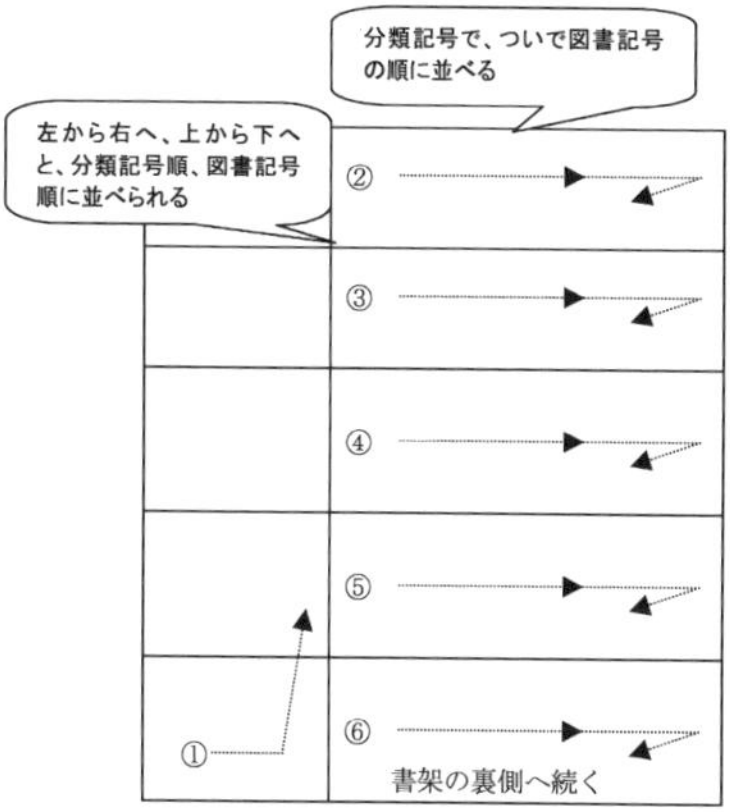

先の図表17をみてもらおう。同志社大学の事例であるが、本の背中下方にラベルが貼付してある。一般的な図書館では、背ラベルはたいてい三段か四段になっているだろう。一番上が分類の段であり、分類記号が並ぶ。そ

の下の段には、アルファベットかカタカナ・ひらがなの表記の入った記号で、執筆した著者の頭文字をとったものが一般的だ。これが図書記号である。

主題（中心となる内容）によって分類された資料を分類記号順に並べ、同じ分類のなかでは、さらに著者（または編者や被研究者など）の頭文字の順に並べれば、書架において同著者の著作が整然と配架されることになる（図表18）。

このような規則がもとになって、資料が納められる位置が決まる。請求記号は、その位置を示す「資料の住所番地」として重要な役割を果たすことになる。

では「請求記号」と呼ばれる所以《ゆえん》はどこにあるのか？

その昔、図書館の資料は基本的にはすべて書庫に納められていた。図書館に入っても、自由に現物を手にとって見られる開架式書架はきわめて稀であったのだ。

利用者はカードを引き自分の閲覧したい資料を確かめた上で、カードに書かれた「請求記号」を請求票に写し取り、それを図書館員に渡して書庫から運んでもらう方式であった。つまり、書庫から取ってくるよう図書館員に請求していたのだ。その名残で「請求」という表現がついていると考えてよい。

昨今では全面開架式を採用する図書館、開架式と閉架式を併用した図書館が一般的であろう。開架式書架の場合は、請求記号というよりも、目指す資料がどの棚にあるのかを示す資料の住所番地と言い換えたほうが理解しやすい。

同じ主題を扱った資料が同じ書棚に配架されるのは、利用者にはこの上なく便利に違いない。ひとつ求める資料を見つけ出せば、その前後に寄り合い、隣り合って同種の資料が並んでいるからだ。

†並べ方は人を導く

本の並べ方というのはなんでもないように見えるかもしれないが、実は利用者にはかりしれない影響を与えることになる。

図書館では利用者万人に対応するために、統一した配架方式を用いて並べている。主要な方法は『日本十進分類法』を利用して並べることだが、新刊書店をよく利用する人なら、書店ではそれぞれ異なった並べ方をしているのに既に気づいていることだろう。

全国にチェーン展開するJ書店を例にあげよう。海外旅行ガイドの定番『地球の歩き方』の場合、通常の書店ならそのシリーズを固めて並べておくだけだ。しかし、J書店は違っている。『地球の歩き方　イタリア』の隣に、塩野七生『ローマ人の物語』(新潮社)、須賀敦子『ヴェネツィアの宿』(文藝春秋)といったガイドブック以外の商品が並べられているのだ。これによって利用客は、旅の目的地・イタリアについてガイドブック以上の資料を発見する。

また、売れないけれども置いてある本もあるらしい。哲学・思想の棚で売れるのは構造主義やポストモダン以降の思想書なのだそうだが、それらしか並んでいない書店よりも、ギリシャ哲学から現代思想まで並んでいる書店での方がよく売れるというのだ（永江第1章前掲書）。

これらは、本の並びが文脈をもって人を導くことを示す好例であろう。並べ方一つで、次の世界へと人を導いていく仕掛けを提供することが可能なのだ。並べられた本同士が共鳴しあうわけである。

†並べ方は世界観をあらわす

横道に逸れて申し訳ないが、本の配架であまりにも有名なヴァールブルク研究所（現ロンドン大学内）の逸話に触れておきたい。この話は、『象徴形式の哲学』の哲学者エルンスト・カッシーラーと図像学の祖アビ・ヴァールブルクの「出会い」にまつわるものである。ドイツの美術史家・文化史家であるアビ・ヴァールブルクは、ハンブルクの銀行家の家に生まれ、豊富な財力をもとに夥しい書物の収集を行い、一九〇八年から私設の文庫として研究者に公開していた。

この文庫は、「哲学の本の隣りに占星術、魔術、民俗学の本を置き、芸術の部門を、文学、宗教、哲学の部門と結びつける」独特の本の並べ方で有名であった。書棚の一見不規則な本の配列は、文庫内の書棚を経巡ることで美術史や精神史を有機的体系的に認識できるようにしたもので、本の並べ方が文脈を物語る〝作品としての本棚〟ともいえるものだった。

一九二〇年、ハンブルク大学の哲学教授であったエルンスト・カッシーラーが訪れたが、その時ヴァールブルクは不在で、弟子のフリッツ・ザクスルが書庫を案内した。慧眼なカッシーラーは、ほんの一時間程度の訪問で、過去訪れた誰よりも鋭く「この文庫に具体化されている本質的理念」を見抜いてしまった。帰りぎわ、彼は「この蔵書はおそろしいばかりのものです。わたしとしては、この文庫をまったく避けて通るか、あるいはここに幾年にもわたって閉じ籠るかのどちらかしかないでしょう。ここに包含されている哲学的諸問題には、わたし自身の問題と密接につながるものがあります」と語ったという。

カッシーラーは、自分が研究する象徴・シンボルの領域を、未知の人物ヴァールブルクが「著作によってではなく複雑な図書体系で網羅している」のを目のあたりにし、衝撃を受けたのだ（フリッツ・ザクスル著『シンボルの遺産』せりか書房、一九八〇）。

本のコレクション内容と並べ方が、所有する人とその思想を語ることに関連する最近のエピソードは、碩学・林達夫の旧蔵書を整理した明治大学図書館林達夫文庫にまつわるものである。明治大学図書館は、林達夫の死後、蔵書を貰い受けた際、彼の知の宇宙を通観するため、部屋の書架の配置状況を忠実に再現する分類を採用した。世界大百科事典を編纂した林達夫の思想を読み解くために、ヴァールブルク研究所の逸話を模したのであろう。館長は「先生の思想形成や思索の過程を追跡・展望できるよう、配架・保存の仕方に配慮を加え」「アビ・ワールブルクがウォーバーグ図書館〔=ヴァールブルク研究所〕に今に残している独自の知の宇宙を思わせる、鵠沼の書庫に並べられていたままの蔵書の姿――六十年にわたる先生の知的宇宙――を尊重する」という（明治大学図書館編集『明治大学図書館所蔵林達夫文庫目録』明治大学図書館、一九九一）。

残念ながら、図書館の一般書架ではこういう具合にはいかない。誰もが利用できるように、標準的な分類方法を用いて並べるしかないのだ。だが、それでも棚は勉強になる。齋藤孝氏のいうとおり、「図書館には実に様々な本がある。しかも、上手に分類されている。型どおりの分類かもしれないが、読書の初心者には、本の世界がどのような広がりをもっているのかを把握するには効率がいい」。そして、本棚を把握するうちに、徐々に知的世界のマッピングができるというのだ（齋藤孝著『読書力』岩波書店、二〇〇二）。

そろそろ読者は目録・分類の話に少し辟易したことだろう。この話題は終わりにして、次章では情報探索の基礎に言及したい。

01894-6　8500円
老年学の各領域における基本テーマを46編に分け、さらに中項目による171項目にわたって体系的に配列し、図版、写真を添え簡潔に解説したもの。付録として国連の「高齢者問題国際行動計画」（全訳）を掲載。巻末に索引を付す。 2668

◆社会病理

花街及売笑関係資料目録　〔正〕，続　藤賀咲多著　史録書房　1978－1979　2冊　22cm　限定版　4000円,6000円
遊女、遊郭、売春に関する文献目録。正編は1868年（慶応4）から1945年の、続編は1946年から1978年の間に刊行された単行書と雑誌記事を、年月順に混配。両巻とも扉に主要な資料の表紙を掲載。続編に、各編の補遺、正続あわせた書名索引、戦後風俗志年表私案（1945年8月－1958年12月）を付す。 2669

事件・犯罪　日本と世界の主要全事件総覧　国際・政治事件から刑事・民事事件　改訂新版　事件・犯罪編集委員会編　東村山　教育社　1993.4　1126p　18cm（Newton database）　発売：教育社出版サービス（東京）　4-315-51314-8　2200円
日本と世界の暗殺、謀叛、変、乱、一揆、騒動、仇討ち、殉死、心中、自殺、暴行、誘拐、筆禍、汚職、疑獄、争議など主要事件の総覧。日本は大和時代から1992年まで、外国は古代から1992年まで計1009項目を収録。年代順に配列。各事件の発生国、発生地域、発生日時、事件種類、経過・内容を記述。巻末に歴史年表、索引、参考・引用文献を付す。1991年刊の改訂版。 2670

いて解説する。実態を示す写真を多数収録。巻末に五十音順索引を付す。類書の少ない事典。 2672

◆社会福祉

【書誌】

近代日本社会事業史文献目録　近代日本社会事業史文献目録編集委員会著　日本図書センター　1996.6　257p　22cm　（社会科学書誌書目集成　第7巻）　監修：図書館科学会　4-8205-4167-6　8240円
わが国における邦人による社会事業関係の文献で、明治の初めから1967年頃までに発表された約4000点の目録。著書・論文・資料に分け、配列は独自の十進分類（総記、災害、貧困、児童・母子、老人・婦人・家庭、精神・身体障害・医療、社会政策、社会問題、社会改善、関連領域）を発表年代順に記載。巻末に標題の五十音順索引を付す。原本は日本生命済生会より1971年に刊行された。 2673

社会事業雑誌目次総覧　第1－16巻，別巻　社会事業史文献調査会編　日本図書センター　1987－1988　17冊　22cm
戦前期の社会事業雑誌の目次部分の頁を写真製版により復刻し、雑誌別・刊行順に収録したもの。収録対象雑誌は、原則として月刊または季刊以上の目次つきの逐次刊行物で、計132タイトル。別巻に解題と社会事業雑誌所蔵目録を掲載。所蔵目録は収録誌を、全国誌編、分野・領域誌編、施設誌編、地方誌編、植民地編の5項目に分け、それぞれに全国の主要公共・大学図書館、研究機関の所蔵状況を示し、末尾に五十音順の雑誌名索引を付す。 2674

第4章
どうやって資料にたどりつくのか（2）

『日本の参考図書』（第4版）より

1　文献探索・情報探索の基本

元東京大学学長で文芸・映画評論家の蓮實重彥氏が、雑誌『ユリイカ』のインタビューの中で、興味深い話を披露している。どのように論文を作成しているのかとの質問に答えて、ソルボンヌ大学留学時代の経験譚を次のように語っているのだ。

私がソルボンヌで指導を受けたロベール・リカット教授は、最初にこの人間はどの程度の実力かということを判断するために、二つのことを私に課しました。ひとつは、その論文に必要な書誌＝ビブリオグラフィを書いて持ってきてごらん、と。それから、これから書くかも知れない主題について、すでにとってあるカードがあったら、それを見せてごらん、と。

（『ユリイカ』二〇〇四年三月号）

言及されている「書誌＝ビブリオグラフィ」とは、みずからが集めた参考文献リストをさしている。つまり、レポートや論文を書くには、先行研究を調査して現在の立脚点を把握し、必要な文献資料をリストアップすること、関連する背景情報や基礎事項のメモを作成すること、が求められる。

この前段階の調査作業が、昨今声高に叫ばれる「情報リテラシー」能力の中心部分といってよい。「調べ、書く」ためには、まず関連する文献資料や情報にアプローチしなくてはならない。この文献探索能力・情報探索能力こそ、実力診断のリトマス試験紙となるわけである。

といっても、図書館に潜り込んで闇雲に本を探し、図書館の提供するデータベースやインターネット情報を無節操に検索していても解決はつかない。探索には、定番あるいは定石と呼べる基本ステップがある。この章では探索の基本ステップを読者とともに確認したい。

大リーガー・イチローほどの運動能力に秀でた野球選手でも、必ず練習の最初はキャッチボールから始める。これから語る話は、図書館で情報探索を行ううえで、野球選手のキャッチボールにあたる部分と考えて読んでもらえばそれでよい。

†探索の基本的ステップ

文献や情報を探索しようと思いたったときには、通常次のような普遍的なステップで作業をしていく。文献探索・情報探索に、自立神経失調症は禁物だ。必ず自分でこうしたプロセスを踏む経験をすることが大切なのだ。

(1)調べたいトピックが何であるか決める

探索しようとする対象にどのような分析の観点と切り口があるのかを明確にし、問題設定を行うのがこのステップである。

(2)調査対象トピックの基本情報と背景情報を調べる

概説書や「事柄を調べる」レファレンス・ブックを利用して、トピックの基本情報・背景情報を理解する。自分の探索したい事項を適確な「キーワード」で表現できるかどうかが、重要なポイントになる。

(3)目録や書誌を使って関連主題を扱った図書がないか調査する

(4)雑誌記事索引や書誌を利用して関連主題を扱った雑誌論文や雑誌記事を探索する

専門図書や学術雑誌の文献を読み進めながら、また「文献を調べる」タイプのレファレンス・ブックを活用しながら資料を探索する。作業の過程でレファレンス・ブックをいかに使いこなし、効率的に調査を展開するかが焦点となる。また、オンライン・データベースの活用も必要となる。

(5)統計や図書・雑誌以外のファクト（事実）データを調べる

統計類や実験数値など、事実情報を調査することが求められる。表やグラフを参照したり、作成することも重要だ。

(6)インターネット情報や視聴覚資料を調査する

GoogleやYahoo!といったサーチエンジン、またネットワーク上の有益なサイトを検索して関連情報を探す。また、関連する視聴覚資料（ビデオやDVD）があれば活用する。

(7)集めた資料を評価して利用する

手にした資料の学術性や信頼性を自分なりに評価し、本当に必要なものを選別して、実際に利用していく。評価方法の一部は、第2章で述べておいたとおりである。

(8)利用した資料の典拠を記述する

レポートや論文という形態で成果を出すには、必ず一定の形式に従い、引用した資料を注や参考文献という形で「典拠」を示さなくては学術的なレポート・論文とはいえない。何から引用したかをしめす「典拠」に、「Yahoo!」とは書けないのだ。

†イモヅル法と索引法

先のステップを踏んで、文献探索・情報探索を進めていくが、実際のところ、私の経験では思惑通りに作業がはかどったためしがない。各ステップを行きつ戻りつして、ようやく最後の局面を迎えることになる。文献探索・情報探索は、スカッと作業が流れていくような格好のよいプロセスではなく、螺旋的で重層的なものであることを覚悟いただきたい。

探索作業を行うときに取る方法は、二つに分けられるとするのが一般的である。一つはイモヅル法、もう一つは索引法と呼ばれるものである。この二つの方法について、事前に特徴を説明しておきたい。お断りしておくが、どちらか一方だけを採用すればそれでよし、ということではない。両者が相互補完的に機能していることが大切なのである。

A　イモヅル法：重要度を測る

イモヅルという名の示すとおり、読者が探索過程で見つけた「これだ！」と思う文献に引用され、参考文献としてあげられているものを、イモヅルのごとく手繰っていく方法だ。知らず知らずのうちに誰もが実践している方法であろうが、イモヅル法にも利点と欠点がある。

利点は、文献の内容の「重さ」を測定できるということだ。一般に引用され、参考文献にあげられたりしているものは、少なくとも執筆した著者にとっては有益であったことの証左にほかならない。

学界でも論文や文献は、頻繁に引用されることがよい評価を得ている証拠と理解されている。何冊かの本、何件かの論文を読んで、よく引用されている文献名、それを執筆した著者は、関係筋ではかなり実力を評価されていると判定できよう。多くの資料を漁っている過程で、読むべき資料の優先度や文献の持つ重要性が測れるわけである。

また、特定の文脈の中で引用されているので、引用文献がどのような体系のなかに位置づけられ、利用できるのかを容易に判断できる。

難点としては、偶然性に支配される点があげられよう。たまたま見つけたものを手繰って調査すると、系統性・網羅性に欠け、漏れも多くなる。

しかし、イモヅル法の欠点を補う方法がある。それが、レファレンス・ブックを利用して探索を進める索引法と呼ばれる方法だ。

B　索引法：系統的・網羅的に手繰る

索引法とは、ズバリいうと次節以降で説明するレファレンス・ブックを利用して探索する方法だ。実は、これこそ今後読者が身につけるべき課題となる部分なのである。

図書館関係者や図書館・情報学者のなかには、レファレンス・ブックを使う索引法が文献探索・情報探索のすべてである、と言い切ってしまう人もいるほどだ。

レファレンス・ブックは、「調べるための道具」とも呼ばれる。このため、レファレンス・ツールともいう。物事を探索することを援助するために森羅万象を整理して、ある事柄と他の事柄との関係や位置づけを示し、比較・対照ができるようにした資料である。

レファレンス・ブックを利用しながら、先のイモヅル法を併用して探索することが、もの調べの王道なのである。

では、索引法の要《かなめ》といわれるレファレンス・ブックの正体とは何か。次節でゆっくりと紹介する。

2 レファレンス・ブックの利用

第2章で、図書館には本当に多様な資料が存在することを紹介した。そのなかに、利用からみた機能性によって、レファレンス・ブックと呼ばれる一群の資料がある。

これは、灰色文献や記録史料といった分け方とは別の位相関係にある。灰色文献は、入手経路の難しさの観点から一般の資料とは区別されるが、レファレンス・ブックは資料の持つ「機能」から一般の資料とは区別される種類のものである。

この節では、レファレンス・ブックの機能と使い方の初歩をいっしょに考えてみよう。

†レファレンス・ブック――「再度元へ立ち返る」

レファレンス・ブックは、日本語に訳すと「参考図書」と呼ばれる資料である。といっても、読者が受験勉強や日々の学習で使っていた学習参考書や受験参考書を指すのではない。

レファレンス・ブックとは、最初から最後まで「読む」ものではなく、「調べる」ために必要な部分を参照するための資料である。一般的に想起しやすいのは、百科事典や語学の辞典であろう。

もう少し、レファレンス・ブックの性格を理解するために、考えを巡らしてみよう。「レファレンス」の語源には、「かえる」「思いおこす」といったニュアンスが潜んでいるらしい。

中島節編『メモリー英語語源辞典』(大修館書店、一九九八)で確認してみると、レファレンスの動詞である refer は「【re-〝後へ再び〟＋fer〝運ぶ〟＝再度(元へ)戻る】」とある。ということは、過去の経験に照らして常に立ち返るべき重要事と認定されたこと、今後の指針となると想定されたものを蓄積し整理したうえで、鑑《かがみ》として参照できるようにしたものがレファレンス・ブックであると結論づけることが可能であろう。

こうしたレファレンス・ブックの使い方を詳しく知りたい人は、長澤雅男・石黒祐子共著『情報源としてのレファレンス・ブックス』(新版、日本図書館協会、二〇〇四)をご覧いただきたい。

また、日本で刊行されているレファレンス・ブックを紹介した日本図書館協会日本の参考図書編集委員会編集『日本の参考図書』(第四版、日本図書館協会、二〇〇二)は、千頁を超える大冊だが頁をめくって飽くことはない(第4章扉)。明治以降国内で刊行された約七千タイトルを分類したうえで、詳細な解説を加えている。日本でこんなにたくさんの種類のレファレンス・ブックが発行されているのかと驚嘆するだろう。

読者の具体的なイメージを固めるために、偶然見つけたレファレンス・ブックの人気ランキングを紹介しておこう。

東京の公共図書館員らを対象にした二〇〇三年のアンケート「あなたのおすすめレファレンスブック」を集計した結果が、インターネット上で公開されている(日本図書館協会・研修事業委員会のホームページ)。

ベスト十五タイトルは、第一位から順に『日本大百科全書』『世界大百科事典』『日本国語大辞典』『理科年表』『現代用語の基礎知識』『広辞苑』『国史大辞典』『現代日本人名録』『イミダス』『大漢和辞典』『国書総目録(修訂版)』『日本書籍総目録』『絵本の住所録』『大宅壮一文庫雑誌記事索引総目録』『日本国勢図会』となっている。実際の書名をみてもらうと、おおよそどのような内容の資料を指すかは想像してもらえるものと確信する。

多くの図書館では、貸出の対象とする一般の図書とは別に、レファレンス・ルームや参考図書室と名づけた部屋を設けているのがふつうだ。レファレンス・ブックの機能が通常の図書とは異なっていることを示す証拠である。レファレンス・ブックが豊富であればあるほど、調べ物には有利な図書館であるといえるだろう。

†レファレンス・ブックの系統と種類

レファレンス・ブックには夥しい数と種類が刊行されているが、大づかみには、

(1)辞書・事典・便覧・ハンドブック・地図・統計・年鑑・図鑑などの「事柄を調べるためのレファレンス・ブック」

(2)書誌・記事索引などの「文献を調べるためのレファレンス・ブック」

に分かれることになる。

またレファレンス・ブックの形態・媒体には、伝統的な印刷冊子体のものと、電子情報の形でCD-ROMやDVDに格納されているもの、オンライン・データベースとして提供されインターネットで検索できるものがある。

電子版のレファレンス・ブックと印刷冊子体のレファレンス・ブックのどちらが優れているかという議論はここでは措く。各形態に固有の利点があるからだ。

前者は検索が早いし、容易に扱えるようにしてある。後者は何よりも網羅性・一覧性の

面からみたブラウジング機能（ざっと目をとおして閲覧できる機能）が抜群である。これで見落としを回避でき、思わぬ拾いものをする場合もある。

時と場合によって選択し、両者を併用していくべきところであるが、特に初心者の場合は印刷冊子体を利用するほうをお勧めしたい。かなりの上級利用者でないと、電子版のみでかたづけてしまうことは危険であるからだ。

「事柄を調べるためのレファレンス・ブック」の代表格である百科事典・辞典類と「文献を調べるためのレファレンス・ブック」の代表格の書誌・索引を覚えてもらうために、その特徴と利用法を紹介していきたい。先の探索ステップの(2)及び(3)・(4)にあたる作業となる。

3　事柄を調べるためのレファレンス・ブック

「わからんことがあれば、恥ずかしがらずにまず百科事典を引け」

大学入学直後、基礎ゼミの時間に教授が発した言葉が印象的であった。「あんなものは応接間のインテリア程度のもの」と小バカにしていた若造には、衝撃的ですらあった。大学に入学すれば、学術雑誌の論文や研究書を使って議論するものと思い込んでいたところに、冷水を浴びせられたような気持ちがしたものだ。

†百科事典の機能

なぜ百科事典なのか。それは、百科事典があらゆる領域を包含し、これから調査する主題の定説・通説を記述しているからである。

考えてみれば簡単なことだが、斯界《しかい》の権威による凝縮された解説は、知識を得る際の確実な早道であることはいうまでもない。項目の執筆責任者名も記名されており、あげられている参考文献は、最も信頼に足るものと考えてよい。専門家が評価した、つまりプロパーが保証した文献資料を容易に確認できる。

百科事典で確認し、調査対象事項の定説と基本情報を押さえることこそ勉強の出発点となる。このポイントをなおざりにして探索作業を開始すると、あとでしっぺ返しを食う。とにかく一流の執筆者が書く定説・通説を閲読することなく前へ進むのは危うい。安全第一でいこう。

この点は、くどいほど言っておいてもよい。『考える力をつけるための「読む」技術』(ダイヤモンド社、二〇〇二)の著者、妹尾堅一郎氏の声をここで添えておきたい。氏はビジネスマン対象の研修指導を引き受けておられるが、彼らの問題設定能力や企画力の弱さに驚いているという。

もっとも、この手の人を指導するのは簡単です。百科事典を調べさせるのです。ところが、そう説明すると、たいてい参加者たちは「なぜ？」といわんばかりの顔つきになります。なかには「もっと新しい知識を得ないと仕事になりません」と言ってくるビジネスマンすらいます。もちろん、最新の情報を得るため、専門書を調べたり市場で情報収集することは大切です。ただ、専門書や最新の報告書は、各分野の定説や通説の理解を前提に書いてあります。その分野について何の知識もない人間が、いきなり読んで理解できる代物ではないのです。市場調査についても同じです。業界の通説を知らないで、有効な情報収集などできるはずがありません。だからこそ、百科事典を調べて各分野の定説や通説を得ておく必要があるのです。

（「検索ではなく、〝探索〟することがビジネスには必須です」ジャパンナレッジ）

百科事典だからといって万能ではない。現在のホットな問題を調べるなら、『現代用語の基礎知識』『知恵蔵』『イミダス』に代表される時事用語辞典も参照する必要があろう。

先日も、ある利用者が、低価格で衣料を販売しているアパレル会社・ユニクロの販売戦略について文献調査をしているのを目にした。図書目録データベースや雑誌記事データべースで「ユニクロ」とキーワードを入力し、ヒットした文献を紙に書いている。こうした探索行動を目にしてしまうと慌てて声をかけざるをえない。

「ユニクロで検索しても、見つけたものは一部ですよ。専門的な雑誌記事や論文、研究書になると『ユニクロ』だけではなく、正式の会社名『ファーストリテイリング』でも点検しないと漏れますよ」

ぽかんとする利用者。最初に事典類で確認しておけばこうしたヘマは起きないはず。ブランド名一つをとってもこの有様なのだから、より複雑な理論や概念になれば、百科事典や専門事典抜きで探索できるわけがない。このあたりを肝に銘じてほしい。

ところで、学会や協会が出している Glossary と呼ばれる単語集・述語集・学術用語集がある。この用語集も極めて重要だ。学術的な言葉の意味を学会や協会が定義して、共通認識をはかろうとする意図で編集された専門用語集である。学術的な文献を探索する際には、ぜひ活用してもらいたい。

†百科事典の鉄則①——索引から引く

百科事典の利用に話を戻す。日本の百科事典では、平凡社『世界大百科事典』・小学館『日本大百科全書』が利用頻度も高く定評のあるものだ。当然、レファレンス・ルームや百科事典コーナーに配架されているし、私どもの図書館では利用が激しいので何度も修理製本をしている。

しかし悲しい哉《かな》、百科事典の効果的な使い方は、いまだに利用者の身についているとはいいがたいのが現状である。利用者の探索行動を観察すると、いきなり「あいうえお順」の見出し巻で探している人がいかに多いことか。

本来、百科事典はまず索引巻から検索し、関連事項や見出し語になっていない記述も参照し、体系づけて調査していくのが常道である。索引巻?と問う人がいるのであれば、その人は百科事典の利用については、シロウトといわざるをえない。

利用の鉄則の一番は、索引巻を引いて確認したうえで、見出し巻の本文にアプローチすることだ。

なぜなら、探索事項が「見出し項目」として採られているとは限らないからだ。見出しとして存在しなくても、別の項目のなかで解説されている可能性があるかもしれないのだ。

例をあげよう。図表19に示したのは、「宗教改革」に関して『世界大百科事典』(平凡社、一九八八)と『日本大百科全書』(小学館、一九八九)の索引巻から参照してきたものである。

まず、『世界大百科事典』のほうから見てみよう。

太字で宗教改革とあるので、「宗教改革」という見出し項目が存在することがわかる。

図表19　『世界大百科事典』の索引（左）と『日本大百科全書』の索引（右）

国), 2-175国(イギリス), 19-482囲
(ドイツ福音主義教会)
宗教改革(キリスト教)　13-40国,
2-178国(イギリス), 6-207囲(カルバン), 7-498国(キリスト教), 8-462国(敬虔主義), 13-43圜, 14-253国(信教の自由), 19-458囲(ドイツ), 25-290囲(プロテスタンティズム), 29-253囲(読み書き算盤), 271国(ヨーロッパ), 30-29国(ルター), 40国(ルネサンス)
宗教改革(エジプト)　2-205囲

宗教音楽　⑪462 B
宗教改革　⑪462 D 図表囲　→ウィクリフ,J②873 A　→カトリック教会⑤485 B　→カルバン,J⑤914 A　→九十五か条の論題⑥725 A　→キリスト教⑦136 C　→ドイツ史⑯528 C　→反宗教改革⑲297 B　→プロテスタント教会⑳766 A　→メランヒトン,P㉒787 A　→ルター,M㉔255 B
宗教会議〈教会会議〉　⑪467 A 写　→バチカン市国⑱779写

あいうえお順に並ぶ巻の「し」で始まる見出し項目を含む巻、ここでいえば一三巻の四〇頁右欄に解説記述があるというわけだ。

ただ、それだけで終わってはいけない。他の見出し語のなかで、宗教改革に関する記述があるものは、索引として表記されている。二巻の「イギリス」の見出し項目の解説のなかで、宗教改革が何らかのかたちで記述されていることがその次に示される。おそらくイギリスにおける宗教改革の解説があるのだろう。フランス出身の宗教改革者・カルバンについての解説記述のなかでも、宗教改革について関連する記述があることを示している。

このように、見出し語となっているもの以外にも、他の複数の項目で関連記述があることを索引は示してくれる。

興味深いのは、「読み書き算盤」の見出し項目のなかでも、宗教改革の説明があることだ。おそらく「読み書

き算盤」の能力、とくに識字率の高まりと聖書の読解とが密接に関連し、宗教改革を推進したことに言及したものではないかと予測できる。識字率の視点からも、宗教改革を語ることができる事実を索引は教えてくれるのだ。

次に『日本大百科全書』のほうはどうだろうか。

こちらも、独立した見出し項目が存在することが、太字で示されていることから確認できる。一一巻四六二頁のD段に図・表・囲み記事がついているようだ。そして、ウィクリフをはじめとする→の参照見出し項目のなかで、解説記述があることがわかる。

このように、百科事典というものは、事典全体のなかに、どこに関連記述があるのかを索引づけてくれている。索引巻を見ずして、いきなり「宗教改革」の見出し項目だけで済ますと多くのものを漏らしてしまう。もちろん、見出し項目「宗教改革」の本文記述にも参照指示はあるだろうが、全体として各事項がどのような関係性のもとに記述されているかを俯瞰することはむずかしい。

物事を認識するには、必ずそれ以外のものと比較対照し、関連性を理解し、全体系の中での位置づけを意識しなくてはならない。ともかく索引から引くことが重要だ。

最近では、百科事典がインターネットで利用できるようになっている。『世界大百科事典』(平凡社)は「ネットで百科」(http://ds.hbi.ne.jp/netencytop/)で、『日本大百科全書』は「ジャパンナレッジ」(http://www.japanknowledge.com/)で検索できる(ともに有料会員制)。

百科事典データベースは、利用者の不得手な側面を容易に改善してくれるツールになるはずだ。検索してリンクを辿っていくことで相互参照は楽になるし、見出し語にない事柄は全文検索を行うことで探すことができる。さらに、ネット上の有効なURLや参考文献は最新情報が更新されている。印刷冊子体の場合には、ある程度訓練しないとできなかった、あるいは無理だったことが、データベースでは容易に可能になるためだ。おそらく多くの図書館で導入されているはずなので、ぜひ利用の仕方を覚えて有効に活用してほしい。

†百科事典の鉄則②――複数を引き比べる

レファレンス・ブック類は、必ず複数を引き比べることが肝要である。同じ項目を掲げていても、同じ主題を扱っていても、記述内容、項目の立て方や編集方針、図表の表示方法、参考文献の選択まで、それぞれ異なっているからだ。

複数を引くことの意義を二つの側面から考えよう。

まず解説内容の面からいこう。複数のレファレンス・ブックを引き比べて重複した解説部分は重要箇所であると判断できる。広く学界で認知された事実を示しているといってよい。逆に説明内容が食い違っているところ、異なるところがあるはずである。その部分はどちらが正しいかいまだ決着がついていない領域であるので、研究には格好の狙い目となる。解説記述の違いにも十分留意して読めば、それだけでいろいろな発見があるものなのだ。

次は、「つくり」に関する部分の話である。

大項目主義・中項目主義・小項目主義という言葉をきいたことがあるだろうか。百科事典には、数ページ以上をあてて記述する「大項目」、それより短い「中項目」「小項目」という記述方式がある。百科事典の編集方針によって、どちらを重視するのか、併用かといった編集姿勢を見なければならない。ある主題体系の背景や基本情報を広く知ろうとするなら大項目主義の事典を利用しなければならないし、特定の事項を簡潔に知りたければ、中・小項目を重視する事典を使うべきなのだ。

百科事典、辞典に限らず、レファレンス・ブックは特定のルールで組み立てられ、数万、数十万の項目相互の関係が表現されている。言葉を変えれば、レファレンス・ブックの編集者や作成者の思想・個性・世界観が、色濃く反映されている世界であると断言できるだろう。辞典であれば用例の選び方、索引のつくり方など、虚心に見つめてみると実に様々な相違点があることが明らかになってくる。

ここで、事典編集者の生の声を聴いておこう。

百科事典では、その事典の編集思想に従って項目体系をつくり、どの項目にどれだけのスペースを割くか、一つずつウエイトづけをする。(中略)

このように、百科事典ではスペースの配分や項目構成、執筆者の顔ぶれから、その「ことがら」の重要度がある程度、推しはかられる。

(高橋豊子「知の森の中の『パンとサーカス』」、妹尾前掲書に所収)

先に示した日本を代表する二つの百科事典の索引作法をみても、編集側の世界観を映している。『世界大百科事典』の編集者は、「宗教改革」と「読み書き算盤」が密接にかかわってくることを意識したからこそ、索引でその結びつけを行ったと結論づけられよう。

もし、私が事典編集者を務めるとして、グーテンベルクが発明した活版印刷術こそが印刷聖書の流布を準備し宗教改革に決定的な役割を果たした、と考えるならば、「グーテンベルク」の項目執筆者にその事実に触れるよう指示し、索引の「宗教改革」の項に、「□巻□頁(グーテンベルク)」とするかもしれない。

ある事項を知るには、一種類の百科事典を利用しただけでは満足できない。使い慣れると、事典で記述されている数万、数十万の項目相互の関係が、編集方針の特徴として現われていることが理解できるようになるはずだ。

つまり、事典を編集している人たちの「認識の体系」が浮かび上がってくる。いろいろな認識体系を知るためにも、複数のレファレンス・ブックを引き比べてほしいのだ。

百科事典維持の困難さ

余談になるが、レファレンス・ブックは値段が張り、個人レベルで購入できない価格のものが多い。

これには理由がある。事典や辞典・字典の編纂には、気の遠くなるような時間と労力を費やしている。何十年にも亘る孜々《しし》営々《えいえい》たる作業の果てに完成をみるものなのだ。出版社が先行投資分を回収することを考え、高い値段をつけるのも無理はない。

だが、正念場はそれらが完成してからやってくる。内容の鮮度の維持だ。耐用年数や賞味期限の切れた情報が掲載されていては、知識の新陳代謝が阻害される。ここでも百科事典を例にみてみよう。

百科事典の編纂は、十年の準備と百億円の費用が必要といわれる大事業だが、重版の際には記述の訂正が行われる。書き直すときには、その項目が入っているページの総行数を変えないのが鉄則だ。新しいデータを加えるたびに、同じ項目か近くの項目の記述を削る。そうしないと、影響が全ページに及び、索引が狂ってしまう。このような気が遠くなる作

図表20　データベース・ジャパンナレッジ『日本大百科全書』の「フセイン」の項目

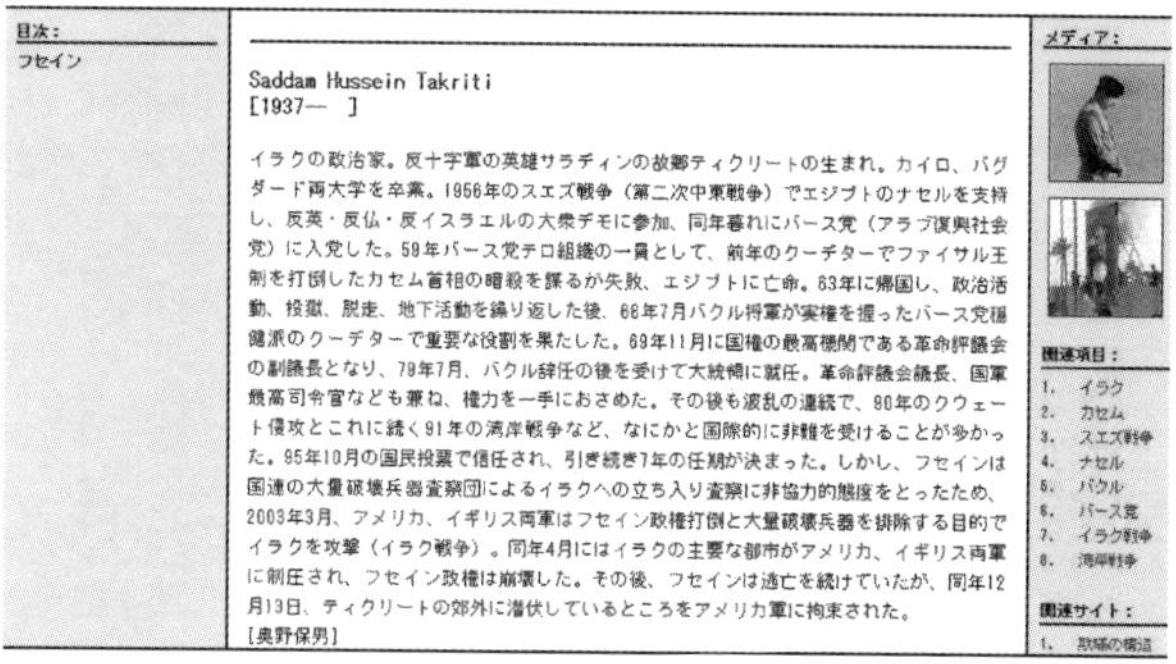
目次：
フセイン
Saddam Hussein Takriti
[1937―　]
イラクの政治家。反十字軍の英雄サラディンの故郷ティクリートの生まれ。カイロ、バグダード両大学を卒業。1956年のスエズ戦争（第二次中東戦争）でエジプトのナセルを支持し、反英・反仏・反イスラエルの大衆デモに参加、同年暮れにバース党（アラブ復興社会党）に入党した。59年バース党テロ組織の一員として、前年のクーデターでファイサル王制を打倒したカセム首相の暗殺を謀るが失敗、エジプトに亡命。63年に帰国し、政治活動、投獄、脱走、地下活動を繰り返した後、68年7月バクル将軍が実権を握ったバース党穏健派のクーデターで重要な役割を果たした。69年11月に国権の最高機関である革命評議会の副議長となり、79年7月、バクル辞任の後を受けて大統領に就任。革命評議会議長、国軍最高司令官なども兼ね、権力を一手におさめた。その後も波乱の連続で、90年のクウェート侵攻とこれに続く91年の湾岸戦争など、なにかと国際的に非難を受けることが多かった。95年10月の国民投票で信任され、引き続き7年の任期が決まった。しかし、フセインは国連の大量破壊兵器査察団によるイラクへの立ち入り査察に非協力的態度をとったため、2003年3月、アメリカ、イギリス両軍はフセイン政権打倒と大量破壊兵器を排除する目的でイラクを攻撃（イラク戦争）。同年4月にはイラクの主要な都市がアメリカ、イギリス両軍に制圧され、フセイン政権は崩壊した。その後、フセインは逃亡を続けていたが、同年12月13日、ティクリートの郊外に潜伏しているところをアメリカ軍に拘束された。
[奥野保男]
メディア：
関連項目：
1.　イラク
2.　カセム
3.　スエズ戦争
4.　ナセル
5.　バクル
6.　バース党
7.　イラク戦争
8.　湾岸戦争
関連サイト：

業が裏側で行われていたという（「激動する時代の百科事典」『朝日新聞』一九九四年六月十四日朝刊）。

最近はオンライン・データベースの形態をとった百科事典が主流になっているので、メンテナンスのあり方も変わってきている。試みに小学館『日本大百科全書』を擁する知識データベース・ジャパンナレッジで、イラクのフセイン大統領の記述をみよう。フセインの出生地、経歴など通常の記述のあと、次のように書かれている（図表20）。

二〇〇三年三月、アメリカ、イギリス両軍はフセイン政権打倒と大量破壊兵器を排除する目的でイラクを攻撃（イラク戦争）。同年四月にはイラクの主要な都市がアメリカ、イギリス両軍に制圧され、フセイン政権は崩壊した。その後、フセインは逃亡を続けていたが、同年十二月十三日、ティクリートの郊外に潜伏しているところをアメリカ軍に拘束された。［奥野保男］（日本大百科全書、ジャパンナレッジ accessed 2003-12-31）

何と、フセイン捕縛直後に記述が書き換えられていることが確認できる。印刷冊子体の事典と比較すれば、驚くほど迅速に加筆・訂正が行われていることがわかる。

こうしたメンテナンス事業がどう行われているのか、ジャパンナレッジ事業本部長・鈴木正則氏に話を伺った。

「二〇〇三年十二月十三日の『フセイン身柄拘束』に関しては、報道を受けて事実関係の確認をした上で、十二月十八日に関連する十項目（年表を含む）を改訂しました。これらのアップデートをして会員に公開したのは二〇〇三年十二月二十六日のことです。改訂態勢としては、現在ニッポニカ改訂プロジェクトを組織しており、二十名のスタッフが常時、時事的な変化と研究の進展に対応するため百科事典の改訂に従事しています」「また、索引付けや↓の印を使った関連項目の参照指示なども、解説記述の原稿を読み込み、解説文中に現れることばが項目として立項されているかどうか調べます。そのうえで、内容は関連ありとすべきか、参照も相互参照か一方からの参照かなど、議論して決めていきます」

いかがであろうか。百科事典に代表されるレファレンス・ブックは、多額の費用と労力を費やして維持されている事実を、この機会に知っておいてもらいたい。

こうした楽屋裏を知ってもらえば、レファレンス・ブックを利用する際の読者の気構えもまた違ったものとなるだろう。インターネットの検索エンジンで得られる情報とは「質」も「格」も違うのだ。

†レファレンス・ブックの個性

これまで、「事柄を調べるためのレファレンス・ブック」の代表として、百科事典をとりあげてきたが、言葉の辞典一つをとっても各々個性的な編集がされていることがわかる。私たちに最も馴染深い国語辞典や漢和辞典も個性に溢れている。

例えば山田俊雄［ほか］編『新潮現代国語辞典』（第二版、新潮社、二〇〇〇）。これは、明治以降の小説類をはじめとした文学作品中から用例を拾い、必ず出典を明示する姿勢を貫いていること、さまざまな表記があったことを示すことで近代文学を専攻する人には便利な辞書であると評価されている。

「さっぱり」の項をみれば、語釈にとどまらず、夏目漱石が「さっぱり」を使う時には「薩張り」と『草枕』『坊っちゃん』のなかで表記していたことがわかる。また用例「庭のある―（瀟洒）した家へ住みたいよ〈毒〉」では、正宗白鳥《まさむねはくちょう》の作品「毒」の中で「さっぱり」に「瀟洒」をあてる表記のあることがわかる。

また、漢和辞典といえば、すぐに諸橋轍次著『大漢和辞典』（修訂版、大修館書店、一九八四〜八六）や諸橋轍次［ほか］著『広漢和辞典』（大修館書店、一九八一〜八二）が想起される。しかし、日本の漢字表現や日本の漢文を読み解くには、実は上田万年［ほか］編『新大字典』（講談社、一九九三）のほうが使いよい場合がある。なぜなら、国字化した文字にも詳しいためだ。

この『新大字典』の前身である上田萬年［ほか］編『大字典』（啓成社、一九一七）には助けられた思い出がある。ある時、民俗学を専攻する学生が図書館で調べものをしていた。彼は京都の古式ゆかしき神社に奉納された絵馬を調査していたのだが、その絵馬に「奉納維吉大正参年十月吉日」と墨書があった。どう訓《よ》むのか困惑しながら、辞書を引いていた。「維」は「これ」と訓むのはわかったらしい。次の文字が土と日の組み合わせで見たこともないという。私には、直感的に異体字だとわかる。例えば、岡山の岡には「四」と「山」を組み合わせた𡵚という異体字がある。これは冂の垂直部分が退化してできた字だ。

さて、この絵馬の墨書を確認できる辞書はないものかとの相談であった。言葉は同時代を映しているので、明治末から大正にかけて出版された辞書なら、用例があるかもしれないと予測をつけた。その結果、先の『大字典』が時期的にも近く、かつ国字表現の用例が豊富と予測し引いてみた。はかれるかな、次のような記述にであった。

【維時】コレ・トキ　これときに「維時大正二年一月吉辰」

なんとタイムリーな用例であろう。「吉」の字は「時」ではないかと予測して、異体字の辞典で確認したところ、やはり「時」を示すものであった。

利用者はこれで安心して、「維時《これときに》大正参年十月吉日」と文化財調査報告書の原稿に記述することができたのだ。残念ながら、改訂された最新の『新大字典』（講談社、一九九三）では既にこの用例は削除されている。現代では使わないということで省かれたのであろう。レファレンス・ブックの個性を理解し、また同じ辞典でも版によって時代を映した個性を保持していることを忘れてはならないという教訓を得た事例である。

百科事典、国語・漢和辞典を中心に話してきたが、特定主題に絞った専門事典も意識してもらいたい。専門事典は、特定の主題、年代、地域などに限定して、深く掘り下げた解説を提供する。特に学協会や研究機関、またその分野の出版に実績をもつ出版社が編集している点が、内容的な充実度・信頼度に結びついている。

国史大辞典編集委員会編『国史大辞典』（吉川弘文館、一九七九〜九七）、『日本古典文学大辞典』（岩波書店、一九八三〜八五）、大阪市立大学経済研究所編『経済学辞典』（第三版、岩波書店、一九九二）、法令用語研究会編『有斐閣法律用語辞典』（第二版、有斐閣、二〇〇〇）、など列挙しだすときりがない。百科事典を探索した後は、専門事典に足を踏み入れ、深い知識の森へと歩みを進めてほしい。

4 文献を調べるためのレファレンス・ブック――目録・書誌・雑誌記事索引

「文献を調べるためのレファレンス・ブック」である目録・書誌・雑誌記事索引に話題を移す。どのような著者がどんな図書や雑誌論文を執筆しているか、という文献情報を効率的に調査するためのレファレンス・ブックである。

目録・書誌・雑誌記事索引を参照することなく文献情報を得ようとするのは、羅針盤なしで夜の海を航海するようなものだ。ただ、目録・書誌・雑誌記事索引といっても、あまり馴染みのある言葉ではないだろう。まず言葉の定義から始めよう。

†目録・書誌・雑誌記事索引

①目録（catalog）

目録についてはすでに第3章で、図書や雑誌に関する書誌情報・所蔵情報を記述したものであると説明した。

図書館で検索するOPACは、ホームライブラリーで所蔵する図書・雑誌を調査するための目録であり、それ自身が電子媒体のレファレンス・ブック（レファレンス・データベース）と呼べるものだ。図書館利用には必須のレファレンス資料であるので、いちはやく紙の目録カードから機械化が進んだ。このため、レファレンス・ブックであることを忘れてしまうほど利用者に浸透している。

類似の、NACSIS Webcat や NDL-OPAC なども、レファレンス・ブックのデータベース版といえる。

②書誌（bibliography）

次に、書誌と呼ばれるレファレンス・ブックがある。一般的分野、あるいは特定分野の文献資料を、一定の規則のもとにリスト化しているレファレンス・ブックを書誌という。文献目録・文献リストの類と考えればよい。

それなら、目録とどこが違うのかと訝る声が聞こえてきそうである。確かに、書誌情報を集めたレファレンス・ブックである点では、目録と何らかかわりはない。

では、違いはなにか？

両者の違いは、所蔵情報を収載するかどうかにある。つまり、文献目録として列挙された情報に対し、どの図書館に所蔵されているのかを示す所蔵情報が含まれていると目録と呼ばれ、所蔵情報を欠いていると書誌と呼ばれることになる。

OPAC、NACSIS Webcat、NDL-OPACは、それぞれホームライブラリーの、国内大学（一部外国を含む）の、国立国会図書館の所蔵情報を含んでいるから、「目録」のカテゴリーに入れられる。

深く悩まずに、書誌は内容的には「文献目録」「文献リスト」であり、文献の所在については、別途に目録で調べなおす必要があると認識しておいてもらえば十分である。

③雑誌記事索引（periodical index）

雑誌に掲載された論文や記事について、論題、執筆者、事項などから検索できるようにした索引である。その名のとおり、雑誌を対象にしたものであるので、単行図書に掲載されている論文は探索できない点に注意してほしい。これに対し、②書誌は、図書も雑誌記事など、すべてを包括してリスト化している点が特徴である。

目録に関しては第3章で説明したので、以下、書誌と雑誌記事索引を中心に紹介したい。

†書誌を利用する諸氏

図書や雑誌論文の原著、つまりオリジナル文献は通常一次資料と呼ばれる。また、各種の観測データや実験データも一次資料に含まれる。日々一次情報は夥しい量が生産されており、ひとつひとつ探すには恐ろしく手間がかかる作業であることは誰にでも想像できよう。

そこで、どのような一次資料が存在するのかを探索する手がかりを与え、接近を容易にするために、一次資料から重要項目を抽出して再度情報を加工し直したものを二次資料という。代表的な二次資料は、第3章でみた目録であり、ここでいう書誌、雑誌記事索引である。

二次資料のなかでも、特定の基準で選ばれた資料を、一定の列挙方法で、一定の記述方法に従って探索しやすいように配列したものを書誌という。

図書・雑誌論文・新聞記事などについて、いつどこに掲載され発行されたのか、誰が何を書いているのかを網羅し、利用者が文献の存在を確認するために編集されるものだ。

レファレンス・ブックのうち、書誌と呼ばれるツール名は覚えておいた方が賢明だ。よい書誌を見つければ、文献探索・情報探索における労力が一気に軽減されるからだ。

書誌の利用を一度覚えてしまうともう離れられなくなることは請け合いだ。図書館の上級利用者は、実は書誌を利用する達人である。図書館で勢いよく文献集めをしている人たちをみかけるが、まさに「書誌を利用する諸氏」といった観がある。

書誌と呼ばれるレファレンス・ブックも、資料を探す目的によって種類を選ばなければ

図表21　書誌の例

（左：『婦人問題文献目録』図書の部〔III〕戦後編〔1945〜75〕、右：『宮本輝書誌』）

(340)　7 婦人労働

二，佐久間可次，佐藤好一郎　白石　刈田民俗館　昭和50(1975).6　187p　DM391-21
〔目次〕　絵後国・士族・一等工女(阿子島雄二)　工女の証言―明治期の佐野製糸場(佐久間可次)　工女の証言―大正期の佐野製糸場(佐久間可次)　耕野製糸場日記(宍戸広)　耕野は場所だよ―耕野製糸工女の証言(佐藤好一郎)　長岡からの便り(阿子島雄二)

婦人労働問題

070042　異性と結婚　石丸梧平　泉書房　昭21(1946).3　31p　(人生創造叢書 5)　159.6-I77ゥ
〔内容〕　職業婦人の，結婚についての悩み(p15〜30)
070043　日本資本主義と労働問題　大河内一男　白日書院　昭和22(1947).2　298p　364-O567n
〔内容〕　女子と失業(p109〜120)
070044　生活と勤労　石川知福　北光書房　昭和22(1947).4　159p　366.9-I76ゥ
〔内容〕　4 女子勤労の医学(p86〜101)
070045　同一労働同一賃銀論について　長沼弘毅　ダイヤモンド社　昭和22(1947).9　216p　(生活賃銀全書 第4巻)　a366-60
〔内容〕　第3章 男女間の賃銀 女子の生活費 女子の賃銀 女子の低賃銀の理由 女子の能率 職業分野の分離 家族負担(p73〜188)
070046　科学的社会主義の立場から　高橋正雄　板垣書店　昭和23(1948).11　270p　304-Ta33ゥ
〔内容〕　女工さんの統計(p147〜151)　婦人労働者の生態(p221〜224)
070047　社会主義講座　第11巻 労働 労働問題研究　社会主義教育協会編　三元社　昭和23(1948).11　253p　308-Sy9224-S　308-Sh126ゥ
〔内容〕　労働権と労働基準法(桜総通孝)　婦人および少年労働者(p121〜124)
070048　労働問題の概説　村山重忠　中央労働学園　昭和23(1948).11　250p　366-M981r4
〔内容〕　婦人労働者問題(p61〜65)
070049　労働問答　ラジオ「労働の時間」第1〜6輯　中央労働学園　昭和23〜24(1948〜49)　6冊
第1輯　328.366-Ty9972r 366-C66-2ゥ
第2，3輯　366-C66-2ゥ　a366-13
第4，6輯　a366-13
第5輯　328.366-Ty9972r
〔内容〕　編中，次の項あり。
第1輯：婦人少年局の機能　女子の日直　女子の深夜業　生理休暇　第2輯：女子の時間外清掃　第3輯：働く婦人の問題　女子の労働時間　深夜業　産後の労働　女子の出張等　第4輯：女子年少者の取扱う物の重量は？　第5輯：看護婦会と親方(労働供給業の禁止)
070050　男女同一労働同一賃金　国際労働局編　国際労働局日本駐在員編訳　国際公論社　昭和24(1949).12　221p　(ILO叢書第2)　366.43-Ko548d
〔内容〕　第33回ILO総会において討議される「男女は同一労働に対し，同一賃金でなければならない」という問題の事前報告書として加盟各国に送達されたもの。
〔原書〕　"Equal remuneration for men and women workers for work of equal value"
070051　学生と社会　大河内一男，清水幾太郎共編　日本評論社　昭和25(1950).8　327p　304-O567g
〔内容〕　職業婦人と主婦(大浜英子)　p312〜327
070052　働く婦人の声　労働省婦人少年局編　労働省婦人少年局　昭和25(1950)　281p　367-R64h
〔目次〕＊　1 組合活動の促進　2 労働条件の改善　3 厚生福利施設の拡充　4 雇用機会の拡大　5 職業能力の向上　6 健康の増進　7 文化の向上　8 婦人労働の実情
070053　労働問題総論　村山重忠　日本労政

100　II 著作年表（初出目録）

すべて第3画　　（朝日新聞社）
◇安久利徳　画
12F「避暑地の猫」　連載第五回　→『避』
「IN★POCKET」3月号　第2巻第3号　3・12発行
P136―154（講談社）
◇絵・畑農照雄
13F「流転の海」　→『流』
連載第二十二回　第一章　十一
「海燕」4月号　第3巻第4号　4・1発行
P230―241（福武書店）
◇末尾　〔第一章・了〕
14F「ドナウの旅人」　→『ド』
（111）雨の砦 四―三〇〜（134）牧歌 二―二
「朝日新聞」4月　2・3・4・5・6・7・9・10・11・12・13・14・16・17・18・19・20・21・23・24・25・26・27・28発行　夕刊
14は第5画，他は第3画　（朝日新聞社）
（112）4月3日より牧歌一（雨の砦四は全30回）
（133）4月27日より牧歌二（牧歌一は全21回）
◇安久利徳　画
15F「避暑地の猫」　連載第6回　→『避』
「IN★POCKET」4月号　第2巻第4号　4・12発行
P134―153（講談社）
◇絵・畑農照雄
16F「ドナウの旅人」　→『ド』
（135）牧歌 二―三〜（159）黄昏の灯 一―三
「朝日新聞」5月　1・2・4・7・8・9・10・11・12・14・15・16・17・18・19・21・22・23・24・25・26・28・29・30・31発行　夕刊

ならない。書誌のカテゴリーは、「全国書誌」（国内の全出版物目録）・「販売書誌」（出版目録など）・「主題書誌」（特定主題のもとに図書や雑誌論文を収録したもの）・「人物書誌」（特定人物の著作リストやその人物に関する研究文献を収録したもの）などに分かれる。

具体的にみたほうがよいであろう。図表21には、代表的な主題書誌である『婦人問題文献目録』図書の部（III）戦後編（一九四五〜七五）（国立国会図書館専門資料部編、国立国会図書館、一九九五）と人物書誌『宮本輝書誌』（二瓶浩明編著、和泉書院、一九九二）をあげた。

両者について、先にあげた『日本の

参考図書』の解説記述をみてみよう。前者は婦人問題に関する総合的な文献目録であり、リスト化されている図書は書誌情報だけでなく、目次なども記されている。また後者は、作家・宮本輝の著作に関する書誌で、作品だけではなく、演劇化された彼の作品、新聞連載小説の掲載年月日、単行本の帯のコピーまで記載されている。

婦人問題を研究している人や宮本輝関係の文献を探している人は、これらを使うといっきに文献探索の時間を省力化できるだろう。

但し、ある一つの書誌ですべての関連文献を探索できることはまずない。類似の書誌を何種類も探し、各々の編集方針、取り扱う収録資料の範囲、文献の収録期間に注意して、相互補完的に複数を利用するのが網羅的な探索の鉄則である。それにはどんな書誌が世の中に存在しているかを探す方法も必要になろう。こうした場合には、天野敬太郎編『日本書誌の書誌』(総載編・主題編1、巌南堂書店、一九七三〜八四)、同(主題編2・人物編1、日外アソシエーツ、一九八四)、深井人詩編『主題書誌索引 1992-2000』(日外アソシエーツ、二〇〇三)、『日本書誌総覧』(日外アソシエーツ、二〇〇四)などを参照してみればよい。

†書誌の持つ魅力と威力

第2章で登場してもらった谷沢永一氏の本業は、書誌学である。書誌学も範囲が広いのだが、彼の場合は列挙書誌学、つまり先ほどから説明している文献リストとしての書誌を研究領域としているのだ。

谷沢氏は書誌に対して情熱を込めて語る。地方の私立大学で近代文学を専攻した彼は、学協会誌に論文を書いても書いても、無視され続けたという。つまり、実力があるにも関わらず、学閥などの影響で学界では認めてもらえなかったのだ。

そこで「恵まれていない境遇において頭をもたげるための最も有効な手段」として、書誌を附録としてつけた研究文献案内的な論文や著書を書きまくることになる。

彼の著書『大正期の文藝評論』などは、四分の一ぐらいが文献研究史で占められており、学界のある国文学者は「よく勉強した。少なくとも研究史覚書は役に立つ」と彼の存在を認めざるをえないところへ追い込まれたというのだ。書誌学的な文献目録の編纂という道筋をつかって、初めて世にでることができたと彼はいう（谷沢永一講演「書誌学の課題」『私立大学図書館協会会報』一〇一号）。

書誌はその主題を研究しようとする人にとって重宝きわまりなく、調査研究に欠くべからざる道具なのである。それを逆手にとって、自分の名を学界に認めさせていった彼の戦略もすごいが、よい文献目録を編集すればその功績を認めざるをえないくらい、書誌が重要なレファレンス資料であることを示す端的な事例といえよう。

書誌は結局のところ文献目録なのだから、それを作成することくらい簡単ではないかという人もいよう。しかし、それは大きな間違いである。作成は一筋縄ではいかず、悩み多き作業となる。

†書誌作成の舞台裏

書誌を作成するにあたっては、まず主題や分野の設定から利用対象、収録基準、収録範囲——刊行年代、文献の形態、言語の種別、刊行地など、解題や注釈、記載事項、排列方法、書誌の発表形式等を事前に検討、これらを考慮しつつ具体的な手順——使用するソースや採録カードの様式、現物確認などの方法を決め作業を進めてゆく。その際最初に方針、基準を明確に定めておかないと、途中で変更が生じたりして、ロスが大きくなり捗らない。（中原ますゑ「悩み尽きない〝縁の下〟」『大空』三号）

ある書誌学者の説では、書誌というのは実在文献の約八〇％が列挙されていればそれで及第点とのことらしい。それくらいすべての網羅は困難なものなのである。作成者の苦労を偲び、できるだけ有効に使って報いたいものだ。

私自身は書誌を作成した体験はなく、利用させてもらうばかりである。学生の頃、何か調べなければならない局面に立ち至るたびに、図書館の参考図書室、レファレンス・ルームの書誌コーナーを漁って、役立ちそうな書誌を使いまくっていた。「どこでそんな文献を探してきたの」と教室で問われることも多かったが、全部書誌を利用してピックアップしていたのだ。

†雑誌記事索引

雑誌記事索引――。私にとってはこれほど懐かしい響きをもったことばはない。特に大学新入生の四月に、国立国会図書館編集の『雑誌記事索引』を紐解いたときの昂揚した気持ちはいまも忘れることはできない。

雑誌記事索引とは、雑誌に掲載された論文や記事を、テーマ別・著者別に、網羅的かつ迅速に探し出すためのレファレンス・ツールである。書誌の場合は、図書も論文も新聞記事もリストの対象として扱っていた。これに対し、雑誌記事索引はあくまで雑誌の記事に対象を絞ったものである。

雑誌の重要性は、図書と比較して情報が速いことにあり、第2章で言及したように最新の学術成果はまず雑誌に発表されることが常である。また継続的に発行されるという特徴がある。こうしたことから、「調べ、書く」ための中心的な役割を果たす資料は、雑誌記事・雑誌論文にあるといえよう。

世の中には夥しい数の雑誌が毎日のように発行され、論文や記事が賑やかに掲載されている。その中から自分が求める資料をどうやって見つけ出せばよいのか。これは大きな問題となる。そのようなときに威力を発揮するのが雑誌記事索引と呼ばれるレファレンス・ブックだ。雑誌記事索引にも種類が多いので、代表的な索引の二、三に言及しておこう。

①国立国会図書館編集『雑誌記事索引』

全学問分野を対象とし国内雑誌記事・雑誌論文を探す索引として代表格なのが、国立国会図書館編集『雑誌記事索引』である。

一九九五年までの『雑誌記事索引』は印刷冊子体（季刊）で刊行されていたが、今ではインターネットで公開されており、国内で刊行され国立国会図書館が収集した雑誌のうち、記事採録の対象となる約一万五千誌の記事が検索できる。

学術雑誌を中心に、掲載記事を索引化している点が特徴だ。二〇〇〇年の改訂で、大学の学科や専攻レベルで発行する紀要類も収録対象になったとのことだが（国立国会図書館旧逐次刊行物課索引係からの聞き取り）、それ以前の年代では規模の小さな学術雑誌で漏れているものもあるので注意が必要だ。

さて、『雑誌記事索引』の利用の仕方であるが、まずは印刷冊子体で五年ごとに刊行されていた累積索引版にふれたい。累積索引版は「人文・社会編」「科学・技術編」「医学・

図表22 『雑誌記事索引　人文・社会編　累積索引版1985〜1989』の目次（左）と本編（右）

貝　塚

鹿児島県・草野貝塚　歴000787
　出口 浩，浦辻 栄治：月刊文化財　278〔'86.11〕p38~43

古奥東京湾奥部における縄文時代黒浜期の貝塚形成と古環境　歴000788
　小杉 正人：地学雑誌　97(6)〔'88.12〕p641~644

西北九州における貝塚の分布から観た海岸線の変遷について　歴000789
　小野田 正樹：秋田論叢　5〔'89〕p1~47

内陸部貝塚研究の一展望　歴000790
　高橋 理：歴史(東北史学会)　65〔'85.12〕p50~69

余山貝塚資料図譜編集委員会「余山貝塚資料図譜」　歴000791
　松浦 宥一郎紹介：考古学雑誌　72(2)〔'86.11〕p249~251

薬学編」の三篇からなるが、ここでは「人文・社会編」を引こう（図表22）。

累積索引版にはよく整理された目次があるので、実に使いごたえがある。目次で探索する主題を確認して、該当ページを開けば関連主題ごとに年度を区切って雑誌記事が網羅されている。

著者名索引も備えているので、有用な雑誌記事や学術論文を見て著者をメモし、著者名索引で引くと、同じ著者が他にどのような文献を執筆しているのかも調査できる。

彼（彼女）が、該当領域の主流の研究者であるかどうかは、索引から手繰れる著者の論文数をみれば簡単に了解できよう。ある一定期間に十本の論文・記事を執筆している研究者と、一本しか執筆していない研究者とがいる場合、どちらを優先して読んでいくかの判断材料になろうというものだ。

図表23　国立国会図書館がインターネットで公開している「雑誌記事索引」

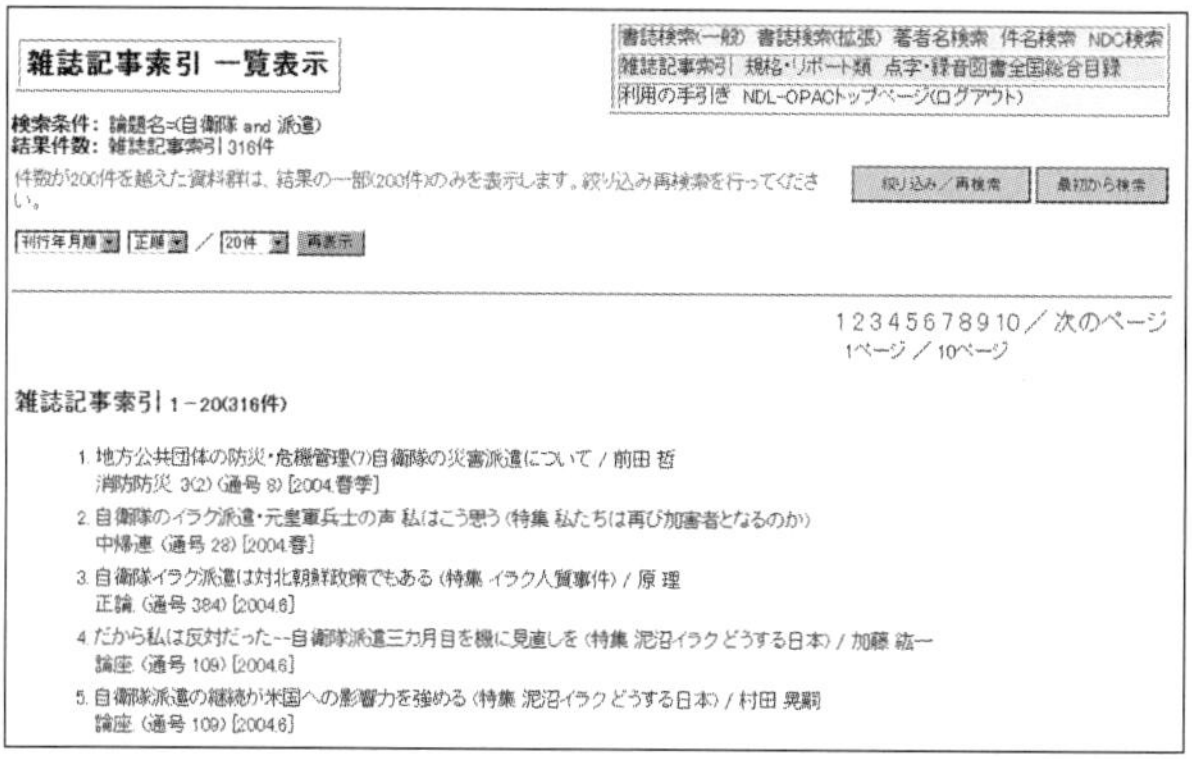

冊子体の『雑誌記事索引』は目次からのブラウジング効果が抜群であり、教育的効果も高い。一九八九年で停止となったが、印刷冊子体での発行を復活してはもらえないだろうか？

インターネット公開の『雑誌記事索引』(http://opac.ndl.go.jp/)は、キーワードを入力して検索するため、雑誌記事索引の初心者には馴染みやすい。しかし、キーワード入力やキーワード選びには十分に注意する必要がある。キーワードの切り方や主題をあらわすキーワードが適確でなければ、うまく検索できない場合もあるからだ。ためしに、論題に「自衛隊」「派遣」のキーワードがあるものを検索してみた。二〇〇一年以降で三百十六件がヒットした(図表23、二〇〇四年六月時点)。

もし、「自衛隊派遣」とキーワードを入力してしまうと、「自衛隊派遣」に合致した論題しか探してこない。このため「イラク派遣自衛隊」という論題の記事にはヒットしない。キーワードを二つに区切ったので検索できたのだ。

キーワード選びは本当に大切だ。思いついたキーワードでうまく検索できない場合は、同義語や関連語を思い浮かべてみる必要がある。また、上位概念・下位概念の関係も注意しなければならない。キーワード「遺伝子」の場合は「DNA」「ゲノム」も考慮し、外国人不法就労問題を検索するときには、「不法就労」だけでなく上位概念の「入国管理法違反」など、バイアスをもたせることが求められる。この関連語・類義語に強くなるために、探索前に百科事典・専門事典で基本情報・背景情報を押さえることが鉄則だというのは、既に述べたところだ。

幸いなことに、一九七五年から一九九五年までのデータには、「記事分類」が付与されている。探索の結果、典型的な雑誌文献を発見すれば、その文献に付与された「記事分類」を確認し、「記事分類」から再度検索することで、漏れを防ぐことができる。

② MAGAZINEPLUS

国立国会図書館編集『雑誌記事索引』(一九七五年以降分)に、その他の商業雑誌や学会年報類の記事を補完して提供しているのが、日外アソシエーツのオンライン・データベース MAGAZINEPLUS である。

MAGAZINEPLUSは有料であるが、約七百万件の論文記事が検索できる国内最大のデータベースなので、大学図書館で契約して利用者に無料で公開しているところが多い。

国立国会図書館が収録していない小規模の学術雑誌や一般大衆誌も収録しているので、MAGAZINEPLUSが検索できる環境にあれば、こちらを使うほうが得策だ。

③大宅《おおや》壮一《そういち》文庫雑誌記事索引総目録

『大宅壮一文庫雑誌記事索引総目録』（同文庫、一九八五〜一九九七）も重要な雑誌記事索引である。

東京は世田谷にある大衆娯楽誌・風俗誌の雑誌専門図書館の大宅壮一文庫では、明治時代から現在に至る約一万タイトル・六十万冊の雑誌を所蔵しており、ジャーナリズム、マスコミ関係者の利用で賑わっていることはつとに有名であろう。

大宅文庫が編集したこの雑誌記事索引は、明治期から一九九五年までの記事をユニークな大宅式分類法による「件名編」と「人名編」にわけて収録しており、二百二十五万件の記事を印刷冊子体で調べることができる。『週刊現代』『女性セブン』『MORE』など、一般的な大衆娯楽誌の記事を探すのに本当に便利な索引である（図表24）。学術雑誌とは一風かわった記事を簡単に探すことができるが、これらを雑誌をめくって探すのは気が遠くなる作業だ。まことに雑誌記事索引を使うことは、特急電車に乗ることに等しい。

図表24　『大宅壮一文庫雑誌記事索引総目録件名編』の目次（左）と本編（右）

021〔おとこ〕
001 おとこ一般……671
002 男性鑑別法……677
003 ダメ男……680
004 恐妻家……681
005 男性復権……681
006 男の恋愛・結婚……682
007 独身男性の生態……687
008 男性美……688
009 ヒゲ……690

19-021-006
男の恋愛・結婚

0001	男達の恋愛論(神近市子)	p.86	文藝春秋	1936.10
0002	特集　男性は何を考えているか　結婚期の男性の考え方	p.115	若い女性	1956.7
0003	タウン　男性結婚難時代　妻になる女性はなかなかいない	p.52	週刊新潮	1957.7.15
0004	30男の結婚難(本多顕彰)	p.125	婦人公論	1958.8
0005	特集　男性問題特集　独身男性の結婚作戦を偵察する(社会心理研究所)	p.82	婦人公論臨増	1959.3.20
0006	アンケート特集　男性は結婚について何を考えているか	p.139	若い女性	1959.4
0007	特集　男性は結婚する前に必ずこんなことを考える(谷川俊太郎)	p.145	若い女性	1959.4
0008	女1人に男？人　男性結婚難時代来る！花嫁をとり逃がすな！	p.3	週刊サンケイ	1960.1.18
0009	独身男性はこんな女性と結婚したいと思っている	p.10	週刊現代	1961.2.26
0010	若い男性のための結婚生理学　姉をえらぶか、妹をえらぶか？	p.251	日本	1962.3

二〇〇二年にはインターネットで検索できる大宅壮一文庫雑誌記事索引も登場した（有料）。一九八八年から現在までの約百八十万件の雑誌記事を収録し、データ更新の対象の雑誌数は約三百七十誌となっている。こうした雑誌記事索引の類は、主題分野に応じて有名なものがたくさんある。

科学技術文献の邦文記事索引データベースJDream（有料）は、理科系学生には必須のものであろう。キーワードやシソーラス（統制語）からの検索、著者名・雑誌名などから検索できるだけでなく、文献の内容を簡潔に要約した「抄録」（abstract）が表示される便利さだ。

その他にも、『国文学年鑑』、『法律判例文献情報』など専門領域ごとに雑誌記事索引があり、それぞれ印刷冊子体、オンライン・データベースありといった状況だ。種類ごとに課せられた役割が異なるので、目録・書誌・雑誌記事索引の類も、事典・辞典の項で説明したとおり、複数利用するのが安全策であることを重ねて強調しておきたい。

†ブラウジングによる発見

さて、印刷冊子体の書誌・雑誌記事索引を繙くのがよいのか、それともオンライン・データベースでキーワード検索するのがよいのか。

専門図書館に勤務する村橋勝子氏は、ある私立大学で「ものの調べ方」を教えておられるそうだが、実習内容がなかなか興味深い（村橋勝子「調べる楽しさ」『図書館雑誌』二〇〇四年一月号）。

村橋氏は情報探索の課題を何問か学生に示し、調査過程のレポートを提出させるという。その際、コンピュータの利用は一切禁止、探索に使えるのは印刷冊子体の資料に限定する。必ず複数の資料にあたって詳細に比較させ、使い分けをさせる。そのうちに専門事典の参考文献をたどってどんどん調べが進んだりもするようだ。

〃点〃を検索するデータベースと違って、本で調べると全体の構造が見え、またブラウジング効果によって感性が刺激されるらしい。そう、データベースは〃点〃だから、検索する人間、利用する人間がよほど対象とする主題とキーワード選びに長けていないと漏れが多くなる。

思いついたキーワードをコンピュータに入力しさえすれば、コンピュータが適確な情報を探索してくれるという誤解を蔓延させてはならない。コンピュータを利用した検索のみで、面白いように関係資料を探せる人は相当な玄人といってよいはずなのだ。だからこそ両者をうまく併用して、情報探索の技《わざ》を身につけるように努めてほしい。

なお、本章のこれまでのところを記述するにあたり、藤田節子著『自分でできる情報探索』（筑摩書房、一九九七）、川崎良孝編集『大学生と「情報の活用」――情報探索入門』（増補版、京都大学図書館情報学研究会、二〇〇一）、慶應義塾大学日吉メディアセンター編『情報リテラシー入門』（慶應義塾大学出版会、二〇〇二）を参考にさせていただいた。より深く学びたい読者には、これらの図書を熟読することをお勧めしておきたい。

5　実際の探索プロセス

これまで紹介した各種の目録（ホームライブラリーのＯＰＡＣ、NACSIS Webcat、NDL-

OPACなど）や雑誌記事索引（国立国会図書館雑誌記事索引、MAGAZINEPLUS、大宅壮一文庫雑誌記事索引総目録など）、関連するレファレンス・ブック（世界大百科事典・日本大百科全書など）を使って、具体的にどのように資料へアクセスすればよいのだろうか。ここでは、プロセスの事例を覗いてみる。

†外国留学体験者の方法も同じ

米国の図書館では、レファレンス・ブックを利用した情報探索法があたり前となって久しい。雑誌『ず・ぼん』四号に、米国の大学図書館で修士論文を作成した経験を持つ吉本秀子氏の紹介記事が掲載されている。

吉本氏は修士論文を作成するため、図書館員に相談にいく。図書館員が教えてくれたのは、「レファレンス資料を使って、そこから関連論文を探し出す方法」であり、「レファレンス資料が置いてある場所に連れていって、それを紹介してくれた」という。以下、吉本氏の語るところに耳を傾けよう。

歴史学の論文捜しには*History Abstract*、コミュニケーション関連の論文捜しには*Communication Abstract*（中略）があることが分かった。まず、歴史学の関連論文を捜すために*History Abstract*の後ろにあるキーワードを使って検索してみる。

「Japanese Newspaper というキーワードで何かでてくるかしら」とウィットラッチさん。しかし、そういう項目がなく、思うような資料に行き着かない。今度は彼女が「Japanese media では？　World War II では？」と次々に違うキーワードを出してくる。すると、World War II というキーワードから検索した論文の中に、ようやく私が調査中の内容と関連がありそうな論文がいくつか出てきた。「なるほど、こうやって見つけるわけか。」（中略）こうして私の修士論文書きは彼女が教えてくれたレファレンス資料から関連論文をピックアップすることから始まった。

短い経験譚であるが、文献探しや情報探索の基本がそのままズバリと示されている。まずレファレンス・ブックを探して利用する。これが図書館でもの調べをするときの基本である。

作業の過程で、参考図書、つまりレファレンス・ブックをいかに使いこなし、合理的に調査を展開するか。図書館でレファレンス・ブックを大量に蓄積し、レファレンス・ブックに詳しい図書館員を配置する理由が、ここにあると考えていただきたい。

†大学教員はレファレンス・ブックの利用下手？

レファレンス・ブックの利用に関する面白い記事があるので、これも紹介しよう。日本の学生がレファレンス・ブックの利用が下手なのは、日本の教員のせいだとイギリスの大学教員が喝破したというのだ。

日本の大学の先生は自分の身の廻りにある資料や研究論文でしか研究しない、せいぜい資料を発掘に行く程度だ、イギリスでは大学の先生が目録・索引をよく調べて先行研究や類似の研究を読み込んでいるし、研究状況の把握にも熱心だ、日本の先生はあまり熱心ではない、他の人が同じような研究をやっていても知らないでいることがある、日本は大学の先生が変わらないかぎり大学図書館は変わらないだろうという。

（大串夏身「開放を阻むものは何か」『ず・ぼん』四号）

このあたり、どこまで正鵠を射ているかわからない。しかし、私の体験では、理科系の教員は別として、教員がレファレンス・ブックを使って網羅的に調査している姿をあまり見かけることはない。仲間うちで発表されている文献の情報を交換し、選択的に利用して成果を発表しているのが現状のように思われるが、他の大学図書館ではいかがだろうか。

†教員が学生に希望する探索作業

では、図書館に期待を寄せる大学の教員は、学生にはどのように図書館を利用してほしいのだろうか。また、どのような探索術を身につけてほしいのだろうか。

この件に関し、私の勤務する大学に籍をおき、気鋭の近代文学研究者と評判の高い教授と意見交換をこころみた。私の意見に同調する彼は、ウンウンとうなずきながら、一・二年生を対象とした論文作成基礎ゼミナールの指導内容を語ってくれた。

(1)事典の活用と内容吟味

近代の著名な作家十名程度を指定し、そのうち特定の作家ひとりを選ばせる。好みで選ぶ場合も多いが、百科事典や文学の専門事典で、作家の文学史上の位置づけ、作風や流派など基本事項を確認することが必要だ。

このとき百科事典がうまく利用できない学生が多いので、複数の百科事典を参照させ、各事典に重複して記述されていた共通事項、特定の事典にしか記述されていなかった事項、記述に齟齬のあった部分をメモさせる。また学生が索引から検索していない場合が多いので、口頭報告の場では漏れている事項を指摘する。

百科事典に加えて、講談社『日本近代文学大事典』など専門事典の類も併せて記述を確認させる。

(2)目録・書誌・雑誌記事索引で参考文献目録を作成する

その作家についての参考文献目録を学生につくらせる。国文学年鑑(インターネットでは国文学論文目録データベース http://www.nijl.ac.jp/bunseki/index.html)・昭和女子大学近代文学研究室が編集した『近代文学研究叢書』の書誌など、文献探索用のレファレンス・ブックの利用を覚えさせる。この作業で何百かにのぼる文献をリストアップさせ、その中からピビッと心にきたものを選ばせる。それをもとにレポートの目次を構成させ、どの章にどの論文を利用するかを配分させる。

作業過程で、発表論文の数や引用数に注意させ、また掲載雑誌の水準を調べさせて、どの研究者が、またどの研究論文が内容的に価値があると思われるかを判定させる。特に最近引用の多い論文に注目するように指示する。

(3)作品の定本（使用テキスト）をどれにするかを決めさせる

全集も最近は初出主義となっており、校訂や注釈も充実している。昔は適当に編集された全集が多かったが、どのテキストが自分の勉強にとって最良のものかを考えさせる。たとえば、柳田國男の全集の場合、旧版の『定本柳田國男集』と現在刊行中の『柳田國男全集』は同じ筑摩書房から刊行されていても編集内容や校訂が全然違う。

前者は柳田が刊行した作品の改訂最終版を採用したテキストであったのに対し、後者は初版テキストをもとにしながら、増補や注釈を足していく「思想の生成過程」が透視できる方針を採っている（船曳建夫・佐藤健二「対談　メーキング・オブ・柳田國男」『ちくま』三二〇・三二一号）。

こうしたポイントも比較検討したうえ、自分が最良と考えるテキストを判断するのだ。

(4)自学の図書館になかった資料はどれかを明示させる

調査した文献（研究書や論文を掲載した雑誌巻号）が自分の図書館にないとわかったとき、NACSIS Webcat と NDL-OPAC を利用して、国内のどの図書館に求める資料が所蔵されているかを調査させる。

(5)年譜の作成と参照

年譜も複数種類を調べる指示をし、比較表を作成することが大切だ。たいていの場合、各年譜に齟齬《そご》がある。例えば、作家の生年月日が違っているとか、親の名前の漢字表記が違うとかである。これも、自分としてどれが正しいと判断するかを学生に説明してもらう。最終的には、戸籍を見ない限り真実はわからないので、図書館の資料だけではとうてい研究などできない事実について、身をもって理解させたいのだ。

(6)作品中のことばの用例も調査させる

『日本国語大辞典』をはじめ定評のある辞書を参照して、いま現在も使われていることばであっても、明治時代の作品のなかでならどのようなニュアンスがあるのか、用例とことばの歴史を調べる指示をだす。

例えば、石川啄木の詩「ココアのひと匙」の一節に、「テロリスト」という単語が現れる。

はてしなき議論の後の／冷めたるココアのひと匙を啜《すす》りて、／そのうすにがき舌触《したざは》りに、／われは知る、テロリストの／かなしき、かなしき心を。

（今井泰子注釈『石川啄木集』角川書店、一九六九）

ココアということばの用例とテロリストということばの当時の意味、この二つのことばをつなぐ文脈を知るためには、過去の用例や社会背景を調査して慎重に判断するほかはない。そのため、当時の辞書の用例や新聞記事の用例などを調査して報告させるというのだ。

半年間の期間を費やした演習の最後に、こう言うそうだ。

自分の大学に求める資料を所蔵していなくても、NACSIS Webcat で検索して他館がもっていれば、容易に見せてもらえるのだから、ありがたいことだ。勘違いしてはいけないのは、NACSIS Webcat で検索して関連資料がなければ、そのような資料が「ない」で終わってしまうことだ。もし見当たらなければ、その手のテーマはまだ誰も手をつけていない未踏の沃野かもしれない。逆にラッキーだと発奮せよ、と。

また、レファレンス・ブックの利用に関しても、学生には注意を喚起したいのだという。

レファレンス・ブックで得た知識は、答えではなく単なる入り口に過ぎない。だから、調査した満足感にひたってその地点に止まっていてはいけない。入り口から先にいくために、レファレンス・ブックには、①執筆者の記名があり、②参考文献が掲載されており、③引用の出典も明記されている。

つまり〝次のステップに進める喜び〟を見出さなくてはならないのだ。レファレンス・ブックでわかったことは、「終わり」ではなく「始まり」であって、ようやく調査のとば口に立ったレベルに過ぎないことを思い知るべきなのである。

教えた方法は、国文学研究だけに役立つことではなく、どのような学術分野の研究を行うにも普遍的な方法だ、だから何にでも応用できるのだ、と。

プロセスでの実践と苦労は、単なる探索技術向上にとどまらず、あなたの勘や感性を育てる。耳を澄ませば、資料や情報が醸し出す「ざわめき」が聴き取れるようになり、眼を凝らせば、的確な資料が視界に飛びこんでくるようになる。

図書館では、ここにあげたレファレンス・ブックを用いた探索法講習会、雑誌記事索引や百科事典などレファレンス・データベースの検索講習会を開催しているところが多い。腕を磨く環境は整っているので、奮って参加してほしい（第3章扉）。

†現代の「ヅーフ部屋」へ急げ

明治維新前夜、大坂は北浜に緒方洪庵の蘭学塾・適塾があった。

適塾に学んだ福澤諭吉は、『福翁自伝』の中で「およそ勉強ということについては、実にこの上に為《し》ようはないというほどに勉強していました」と述懐する。そして、塾生たちが「ヅーフ部屋」と呼んだ、夜通し明かりが消える間のなかった塾内の部屋を紹介している。

「ヅーフ部屋」は、適塾に一冊しかなかった蘭和辞書、ヅーフの『ハルマ和解《わげ》』が置かれていた部屋で、蘭書会読の準備に追われる塾生たちが、首っ引きで辞書を利用していた部屋であった。部屋の雰囲気は以下の如くである。

長崎の出島に在留していたオランダのドクトル・ヅーフという人が、ハルマというドイツオランダ対訳の原書の字引を翻訳したもので、蘭学社会唯一の宝書と崇《あが》められ（中略）緒方の塾中にもたった一部しかないから、三人も四人もヅーフの周囲《マワリ》に寄り合って見ていた。それからモウ一歩立上《たちのぼ》ると、ウェーランドというオランダの原書の字引が一部ある。それは六冊物でオランダの註が入れてある。ヅーフで分らなければ、ウェーランドを見る。（中略）いよ〳〵明日《あす》が会読だというその晩は、（中略）ヅーフ部屋という字引のある部屋に、五人も十人も群《ぐん》をなして無言で字引を引きつつ勉強している。それから翌朝《よくあさ》の会読になる。

（岩波文庫版『福翁自伝』）

江戸期のレファレンス・ブック、ヅーフハルマが置かれた適塾の部屋。ハルマを検索し、原書に挑む塾生たちの集う空間。「ヅーフ部屋」での諭吉たちの営みは、現代図書館の参考図書室、レファレンス・ルームと精神的血縁関係で繋がっている。レファレンス・ブック利用の原点がここにある。

いまや、写本ではなく印刷の、また電子媒体のレファレンス・ブックが花盛りの時世である。また適塾の二冊の辞書をはるかに凌ぐ充実したレファレンス・コレクションが構築されている。だが、適塾時代の「調べ、書く」ことの厳しさと楽しさは、現代でも不変であるはずだ。読者の皆さんが、図書館にある現代の「ヅーフ部屋」へと集い、レファレンス・ブックの豊潤な世界に身を浸してもらうことを期待しつつ、本章を終えることにする。

第5章

レファレンス・サービスを酷使せよ

筑波大学附属図書館レファレンス・デスクでの相談風景

1　モノを利用するのではなく、ヒトを利用する

既に触れたとおり、「調べ、書く」ための機能を重視するのが大学図書館である。「調べ、書く」というフレーズは、大学図書館に冠せられた枕詞《まくらことば》といえよう。

調査研究の支援を主軸とした運営責務を果たすため、大学図書館では利用者の資料・情報の探索を全面的にサポートする体制を整えている。これが、レファレンス・サービスと呼ばれるものである。

資料の性質や図書館独特のしくみに慣れていない利用者が、膨大な資料・情報のなかから適切なものを見つけ出すのは難しい。このサービスを利用せずして調査や研究を進めるのは、無謀とはいわないが、あまりにも「もったいない」というほかはない。

†それは図書館のコンシェルジェ・サービスか？

たとえ話で始めよう。

あなたがヨーロッパの超高級ホテル（ドアマンが迎えてくれる五つ星ホテルなど）に滞在

したとする。ホテルに到着したところ、その夜プロサッカーの試合が開催されることを知った。何とかチケットを手にいれたい。しかし、近隣のプレイガイドに並んだところ「本日分はSOLD OUT!」。完売では仕方がない。残念だ、と諦めるのが普通だ。

だが、隠れた必殺技がある。それは、コンシェルジェ・サービスを利用することだ。高級ホテルには、かならずフロント近くにコンシェルジェ・デスクが存在する。ホテルのコンシェルジェは、利用客のどのような要求であろうと最大限の努力を惜しまない。コンシェルジェ・デスクに「ダメもと」で相談してみる。

「なるほど。まだ試合開始までには五時間あるので、何とか手配可能かもしれません。親密な代理店にコンタクトをとってみましょう。あとで連絡をいれますので、お部屋番号は?」とコンシェルジェは応えてくれるはずだ。

一時間後、完売で諦めていたあなたに朗報が舞い込む。

「お客様の××様でしょうか。お求めのチケットはございます。なにぶん本日の試合はチケット完売であり、入手できる席は年間契約者用の特別席でございます。このため、チケットの料金が通常より高く、○○£になりますがよろしいですか?」

もちろん、手にはいるだけでひじょうに嬉しいはず。あなたは、コンシェルジェを頼ることによって、ヨーロッパの一流のサッカー試合を観戦することができたのである。

やや乱暴なたとえであるが、図書館でも資料・情報を探す援助を目的としたコンシェルジェ・サービスが存在する。それが、レファレンス・サービスだ。

「ゼミ発表で昨年度の警察の検挙率を調べないといけないが、何に掲載されているか」

「メルボルン大学に提出された○○というタイトルの博士論文は手に入らないか」

資料・情報に関する要求も多様で奥深い。これを利用者が自分だけで解決しようとするのは難しい。このため、図書館にもホテルのコンシェルジェ・サービスに類似したレファレンス・サービスがあるのだ。

†レファレンス・サービスの本質

レファレンス・サービスは、利用者の調べものに対し、図書館員が援助する人的資源サービスと定義できる。サービスには、レファレンス担当の図書館員であるヒトが介在する。

レファレンスのプロセスは単純ではない。レファレンス・カウンターや質問デスクにきた利用者が、自分の調べたい対象や探索したい事実が明確であることはきわめて稀である。そこで、レファレンス担当者は、利用者に多角的なインタビューを試みる。

「米国のドメスティック・バイオレンス（家庭内暴力・以下DV）について、修士論文を書きたいのですが、私は何をしたらよいのでしょうか。卒業論文を課せられていない学部を卒業しましたので、もうどうしてよいかわからなくて……」と利用者から質問があったとする。

正直いって論文指導の教員に相談にのってもらいたい質問である。しかし、こんな場合でも大丈夫である。図書館の矩《のり》を越えない範囲で相談にはのれる。

「DVについてどこまで調査は進んでいますか。またどの側面を分析するのですか。原因の分析ですか？　社会的な、それとも心理的な？　政府の政策を調査するのですか」

「アメリカでの裁判記録なども必要ですか。DV関連法はもう入手しましたか」

「日本語で読めるアメリカの家庭内暴力の概説書は見ましたか？　翻訳されたその種の資料に目を通しましたか」

「日本でも問題になっていることですので、ひょっとしたら新聞でアメリカの家庭内暴力を特集した記事や連載がないかは調べましたか」

「DVを防止する協会や福祉機関のリストアップはどうしましょう」

逆に図書館員から質問されて、そんな資料もあるのか、統計数字も必要だと、話し合っているうちに少しずつ質問者の頭の中にある霧が晴れて整理されてくる。相談しているうちに、その段階で「いまの自分は何が調べたくて、どのような資料を求めているのか」が本人自身に理解されてくるのだ。

こうなると「問い」の輪郭も少しずつ明確な姿を現し始める。おかしな話に聞こえるかもしれないが、利用者自身にとっても本当に自分が探したい対象は曖昧なのだ。「問い」を整然と示せるというのは、並大抵のことではないようだ。

図書館員はインタビューを通じて、質問者が調査したい対象にかたちを与え、いまの段階で欲している資料や情報を適切に紹介してくれるはずだ。ソクラテスの「魂の産婆術」には到底及ばないが、「資料の産婆術」とはいえそうだ。

自分が抱えている問題、求めている情報を、インタビューやヒアリングを通じて、薄皮を剝ぐように、徐々に整理し明確な輪郭を与えてくれる。そして、網羅的で体系的な調査に導く方途を与えてくれるのが、レファレンス・サービスなのだ。

何度も繰り返すが、図書館の「利用巧者」、資料の「探し巧者」になれるかなれないかの分水嶺は、このレファレンス・サービスを活用できるかにある。

但し、相談を受けられない類の質問もある。医療に関する質問、法律に関する質問、人生相談・恋愛相談には対応してくれない。どの図書館もそうした規約を決めている。

†レファレンス・サービスは知られていない

レファレンス・サービスが図書館で実施されるようになって既に久しい。しかし、利用者にあまり知られていないのが実情のようだ。大学図書館でも、サービスを受けるためにカウンターにやって来る利用者にはリピーターが多い。

公共図書館の世界でも、今後図書館に求められる変革として、資料の「貸出重視」から「レファレンスの重視」があげられている。このためにレファレンス対応のスタッフ強化に努めているようだが、まだ広く認知されていないのが哀しい実態なのだ。

公共図書館での調査であるが、富士大学・斎藤文男氏の「図書館利用者にとってのレファレンス・サービス」（『東京都図書館協会報』八一号）および同氏「85％という哀しみと喜び」（『現代の図書館』四一巻三号）に面白い事実が紹介されている。

川崎市立図書館で一九九五年に実施されたアンケート調査によると、利用者の資料探索行動の「初めの一手」は、①直接書棚を見る（八六・七％）、②図書館職員に聞く（四・五％）、③目録カードを見る（七・六％）、④その他（一・三％）となっている。つまり、「調べ物や探しもので図書館に来た利用者は、自分の図書館利用の経験から、調べる事柄・探す本の内容によって、自分の判断でどの書架かを決めていて、その書棚の本の背表紙で判断している」というのだ。

そして、「調べもの・探しものがあって図書館に来た人が、たとえば千人いてもたった四十五人しかまずは人的サービスを利用しない」事実が調査から明らかになる。要するに、千人の利用者のうち八百六十七人は、利用者がセルフでレファレンスをしているのであり、図書館側のレファレンス・サービスを利用していないのである。実にもったいない話だ。

また、富山県の公共図書館全県調査（一九九五年）も、先の二つの論文のなかで紹介されている。これは、そもそも図書館のレファレンス・サービスを利用したことがあるかという問いをアンケート調査で発したものである。その結果、①利用したことがある：五百三十四人（一三・八％）、②利用したことがない：三千三百三十六人（七八・四％）、③無回答：三百二人（七・八％）という結果がでている。

②の利用したことがないと答えた三千三百三十六人にきいた「利用しない理由」の五四・七％が「レファレンス・サービスを知らない」と回答しているそうである。しかし、①利用したことがあるという人のレファレンス・サービス評価は、五百三十四人中四百五十四人が満足・大満足とする回答をしている。レファレンス・サービスの利用経験者の八五％が満足しているのである。

先のアンケート調査の結果は、大学図書館の場合でも似たり寄ったりであろう。レファレンス・サービスは、図書館側の政策意図とは異なり、まずもって「知られていない」点で行き詰っている。図書館側は利用者からのレファレンス質問に対応できるよう準備を進めているので、図書館利用能力を向上させていくためにも、どしどし質問しよう。

2　レファレンス相談の風景

レファレンス・サービスを受けたことのない利用者のために、私がレファレンス業務を担当していた頃の日誌から具体的事例を紹介したい。かなり以前の事例であるが、読んでもらえば、レファレンス・サービスがどのように展開されているかを納得してもらえることと思う。

なお、即座に回答した事例が中心なので、簡単な内容のものが多い。なかには何日、何週にも亘る期間を必要とする調査もある。それゆえ、このような簡単な質問しかしてはいけないと思い込んでもらうと困る。この点はあらかじめお断りしておきたい。

†ホンチョウムダイシ？

透き通るように美しいその女子学生は、手には古びた厚い本を持ち、脇にはノートを抱え、さっきからチラチラと視線をこちらに送っている（ように見える）。唇を噛み、なにかためらいがちに、そして伏し目がちに……。

「俺に気があるのかなぁ、あの娘。結構好みだなぁ」

カウンターで私の隣に座っている同僚は、まだ入社二年目の青二才の青年だ。どうも自意識過剰気味である。

レファレンス・サービス業務は、ベテランになっても辛い仕事である。常に、利用者からの質問に対してうまく答えられないときの不安と危惧を抱いている。自分の力量で手に負えない質問があればどうすればよいのか、と。

若い彼も多分そうだと思うのだが、それを差し引いても女子学生に気が気でないようだ。そうこう言っているうちに、ためらいがちにも女子学生はこちらに歩みをむける。質問だ。もちろん、若い同僚がすばやく対応に回ったことはいうまでもない。

「質問ですか」

「ええ、お恥ずかしい話ですが、聞いていただけますか」

実に丁寧な問い合わせである。

「明日の演習で『ホンチョウムダイシ』の詩について発表するのですが」といって、手に持っていた本をカウンターの上に広げた瞬間、若い同僚の顔が曇った。活字ではあるが、それは平安時代の漢詩集『本朝無題詩《ほんちょうむだいし》』の版本である。社会科学系学部を卒業した彼は、既にパニックに陥っているらしい。視界に彼の哀願に満ちた瞳が闖入《ちんにゅう》する。タッチ交代だ。

「平安時代の漢詩集ですね。」

「ええ、先生から講義で指示されて、まず本文の読めるテキストを見つけたんです。指示された『国書総目録』や『国史大辞典』で確認できましたから。私は『本朝無題詩』のなかの藤原忠通《ふじわらただみち》の詩をいくつか取り上げて発表しないといけないのです。でも、いくら頁を繰っても、この本に藤原忠通の作った詩がひとつもないのです。見つけられなければ感想すらいえません。もう、どうしてよいかわからなくて……」

要するに、『本朝無題詩』という平安時代後期の漢詩集に、藤原忠通なる人物の漢詩が収載されているはずだが、「藤原忠通」の名前がどこにも見当たらないのだ。こんなことはよくあることだ。

「時代劇を見ればわかりますが、昔の人は実名でお互い呼び合ったりしていないことを知っているでしょう。例えば、大岡忠相《おおおかただすけ》だって「大岡越前《おおおかえちぜん》」と言っていたでしょう。つまり、通称や官職名で呼ばれていた可能性がありますね。まず、藤原忠通なる人物から調べてみてはどうですか。すぐそこに『国史大辞典』があるので、引いてみたら」

書架の方向を指示すると、やにわに歩き出し、分厚い『国史大辞典』を引き抜き、「藤原忠通」を検索しだす。ああ、辞典や事典は別巻の『索引』で確認してから、本編にいくべきなんだがまあいいか、と思いながら答えを待つ。じっと読んだあと、パタンと本を閉じ、書架に戻してこちらに戻ってくる。

「どうでしたか」

「いま見た辞典によると、摂政《せっしょう》・関白《かんぱく》を務めた人で、政治家を引退した後は出家して法性《ほっしょう》寺《じ》の住職になったようです。それと書《しょ》が上手だったので、法性寺流書の祖といわれているとのことです」

やれやれ、どうやら答えがでたようだ。

「では、あなたが見つけた『本朝無題詩』の版本テキストをもう一度見てご覧なさい。法性寺様とか、法性寺関白、とか表示されていませんか」

勢い込んで彼女は『本朝無題詩』の頁に目を滑らせ、ぱらぱらめくっていく。彼女の顔にみるみる紅みが差してくる。

「あります！　そこかしこに作者『法性寺入道殿下』の詩があります。これが、藤原忠通の漢詩なのですね。助かりました！」

ぺこんとお辞儀をして閲覧室に戻っていく彼女。ちょっとしたアシストがあれば、すぐ理解できることなのに、つなぎがないため悩む利用者は多い。いつレファレンス・カウンターをたずねてもらってもいい。こちらも万能ではないが、いっしょに解決したいと訪れを待っているのだから。

†荷風と谷崎の「西村京太郎」的展開？

「あのう、こんなこと訊いてよろしいでしょうか？」

随分謙虚な態度である。しっとりとしたおとなの女性。一見して大学院生の出で立ち。こちらも少し緊張して、質問を受ける。

「実は永井荷風の研究をしているのですが、太平洋戦争の終戦の日、ええ、あの玉音放送の日です。その前日岡山県岡山市に疎開していた永井荷風が、岡山県勝山町に疎開していた谷崎潤一郎を訪ね勝山で会っているのです。いま荷風の『訪問者』という作品を分析しているのですが、八月十四日から十五日にかけて一夜を呑み語り明かした彼らは、十五日のお昼前に別れているのです。それは荷風の日記『断腸亭日乗』にも記されています。彼がどの電車に乗って疎開先の岡山市へ戻ったのか、その列車の時間とルートを確定することが、私の修士論文の論旨に深く関わるのです。何かよい方法をご存知であれば教えてください」

うーん、と私は唸る。第二次世界大戦中、谷崎潤一郎と永井荷風が岡山県に疎開し、その二人が終戦の前日から当日にかけて会っていたとは……。しかも、別れたあとその列車時刻とルートを調査するというのは、まさに西村京太郎の世界ではないか。

ルートと列車ダイヤなら、隠れたベストセラー『時刻表』をみればよい。しかし、昭和二十年となるとどうなのか。まずは、『世界大百科事典』（平凡社）で時刻表について確認するため、『世界大百科事典』のオンラインデータベース版「ネットで百科」を検索してみる。すると「現在の時刻表の体裁が確立されたのは、一九二五年四月、日本旅行文化協会創刊の《汽車時間表》で」「のち四二年に《時刻表》と改題、現在は日本交通公社等が刊行している」とあって、一九四五年には、いまのような時刻表は既に存在していたことがわかる。

「現在のような時刻表は、荷風・潤一郎が一夜を明かした頃には既にありますね。これをみれば、時刻・ルートとも確認できるはずです。しかし問題は、古い時刻表を持っているところがあるかどうかですね」

私の勤務する図書館は、過去の『時刻表』を収集する方針をとっていない。自館の所蔵資料で回答することが不可能な場合は、他の図書館や研究機関を利用者に紹介することで対応する。これはレフェラル・サービスと呼ばれている。

早速、国立情報学研究所のNACSIS Webcatなどを検索してみるが、さすがに戦前のものまで確実に残しているところはない。そこで、専門研究機関で列車や鉄道に関する資料を専門に収集している機関がないかを調べる。

こういう時には、『専門情報機関総覧』（専門図書館協議会、一九六九〜）を利用すればよいことを図書館員なら知っている。調査したところ、交通文化振興財団交通博物館が東京にあり、図書室に関連資料を所蔵しているらしい。『交通博物館所蔵時刻表目録』という本も出版しているくらいだ。

「交通博物館が東京にありますが、ここなら古い時刻表を持っているかもしれませんね。交通博物館は一般の人にも公開されていますので、私ども図書館が仲介にはいらなくても、あなたが直接質問することができます。電話番号を教えますので、一度自分でコンタクトをとってください。そのほうが、探索意図もよく通じますので」と、自分自身でアクセスしてもらうことにした。

数日後、彼女がレファレンス・カウンターまで報告にきてくれた。

「ありがとうございました。交通博物館に電話したところ、該当年の時刻表は所蔵されていて、京都からわざわざ東京まで閲覧に行かなくても調べて電話で答えてもらえました」

「で、結果は」

「昭和二十年六月十五日改正ダイヤを載せた『時刻表』(運輸省鉄道総局)に、勝山駅を午前十一時台に発着するのは、姫路発、姫新線芸備線経由の広島行きしかなく、十一時二十六分のみと、連絡をいただきました。これで玉音放送前に、二人が別れたことが確実に証明されました」

晴れ晴れとした笑顔で話してくれる彼女。老婆心ながら、時刻表どおりに列車が来ないこともあるのでは？　と言いかけ言葉を飲み込んだ。

翌年、彼女の論文が査読の厳しいことで有名な学会誌に掲載されているのを知り、手に取った。注には、列車時刻を証明する典拠がきちんとあげられていた。学問というのは、こうした研究の積み重ねであることをつくづく感じ入った次第である。

†お宮・貫一の流行歌はいずこへ……

一息ついていると、馴れた足どりで颯爽とこちらに向かってくるひとりの紳士が視野にはいった。法学部教授で、近代の政治思想・社会思想を担当する先生だ。この人は図書館のレファレンス・サービス利用のリピーターである。目を逸らせて知らぬ顔を決め込むことも難しい。あらかじめ退路は閉ざされている。

「いや、どうも。また探してもらいたいものがでてきてしまって。助けてくれますか？」

「もちろんですよ、先生。それが我々の職責ですから。で、今日はどのような」と同僚。

「実は学会発表があるんだけど、そこで金色夜叉《こんじきやしゃ》のお宮と貫一の話をするんだ。きくところによると、お宮・貫一の歌があるらしく、もしレコードかCDがあれば是非持っていって現場でかけて流したい。学会は一ヶ月くらい後だけど、何とかならないかねえ」

懐かしい。実に懐かしい言葉である。『金色夜叉』――。尾崎紅葉《おざきこうよう》の畢生の名作だ。しかし、最近の若者にとっては、国語の授業『日本文学史』の教科書上の作品に過ぎないのだろう。

『世界大百科事典』では、一八九七（明治三十）年から一九〇二（明治三十五）年にかけて読売新聞に断続連載された空前の人気小説とある。上演もされて流行歌を生むほど喝采を博したことも確認できる。

この作品のストーリーは、金銭ゆえに許婚者《いいなずけ》の鴫沢宮《しぎさわみや》に捨てられた有為の学生間貫一《はざまかんいち》が、高利貸に身を落として金への妄執に生きるというものだ。資本主義社会の不滅の主題たる金銭の人間破壊を正面からとらえ、復活を愛の再発見に求めるといった内容らしい。

つまり、当時の世相を反映した社会小説で、多くの共感を呼んだ明治・大正のベストセラーなのだ。政治学のこの先生は、おそらく当時の社会思想解剖という視点で、この流行歌を材料に利用するのだろう。

隣の同僚はこの質問を受けてかなり動揺している。

「先生、調査に時間をいただけませんか。できるかぎり、やってみます」といってメモを書き取っている。おそらく、『日本流行歌史』の類の研究書などを参照して、その曲の名前を調べ、全国の図書館や音楽専門の視聴覚資料目録で所蔵の有無を調べるのであろう。

しかし、もっと早い方法がある。たまたま、熱海の温泉にいった経験のある私は、その時の観光で熱海に「お宮の松」があるのを知っている。この『金色夜叉』は、最後は熱海海岸でお宮が貫一に足蹴《あしげ》にされて別れるシーンで閉じられるが、その海岸に「お宮の松」が植えられているのである。だから、『金色夜叉』は熱海観光のひとつの目玉であり、観光資源のひとつでもあるのだ。

「時間がないなら、ここはひとつ熱海の観光協会に連絡したほうが速いし、より詳細な情報が得られるのではないですか？」と私が割って入り、すぐ電話することにした。その結果、熱海市観光課の教えで、毎年一月十七日の貫一・お宮が熱海海岸で泣き別れた日（あくまでもフィクションのなかの話）に、尾崎紅葉祭・紅葉筆塚祭が開催され、その行事の中で流している『金色夜叉』のCDが、某レコード会社から発売されていることがわかった。このCDの品番を先の先生にお知らせして、購入となったのである。

「いや、ありがとう。これで、歌詞もわかり発表の補助教材となったよ」

ほくほく顔で帰っていく先生。今回もなんとか切り抜けた格好である。

†お役所の資料の探し方

行政文書をA４判に統一する――。この話がでたのは、一九九二年六月に行われた第三次行革審（臨時行政改革推進審議会）の答申が最初だ。Ａ４判というのは、欧米の文書の定型に最も近い日本の紙の大きさで、世界標準にあわせるというわけだ。

各省庁や地方公共団体でも、次々に業務文書のＡ判統一が推し進められてきた。これに対して、私立大学の学内行政の文書記録類はどうするのか（この話は一九九二年当時の話）。

今度は学長室から電話である。

「あのお、学外の文書Ａ４判化に併せて、学内でもなんらかの対応が必要との声があがっています。ついては、明日の学部長会に、省庁の行っているＡ４判統一の実例を参考資料として配付したいのですが、何かよいものはないでしょうか」

政府内の動きの場合、調査する資料はたくさんある。だが、夥しいばかりの情報と種類の多さに的確なものを提示するのはかえって難しい。

よろしい。政府資料等普及調査会に頼ろう。多くの図書館はこうした事態に対処するために社団法人政府資料等普及調査会という非営利機関と会員契約を結んでいる。『政府資料アブストラクト』など、政府で出されている諸情報の抄録を送付してもらう契約だが、ありがたいことに、レファレンス・サービスもついているのだ。

政府関係の資料であれば、こちらが求めている資料の問い合わせに応えてくれるばかりか、代わって資料調査をしてくれるのである。それも、電話やファクシミリ、Ｅメールによる問い合わせに対し、迅速に調査内容を送付してくれるのだ。

政府資料等普及調査会に連絡して、事情を説明する。

「なるほど、Ａ４判統一化を進めるうえでの基準やマニュアルに近いものが必要なのですね。関連資料はたくさんありますが、実は先日各省庁内で配付された『マニュアル』があるのです」

「それは、公的に出版されたり、発行されたりしたものですか！」受話器ににじり寄る私。

「いえ。省庁内部の事務用資料です。しかし、機密資料ではなく、外部から閲覧を求めてきた機関があれば、公開してもよいとの許可を得ております。十頁程度のマニュアルなので、早速そちらにＦＡＸで送付します」

嗚呼、年間の会員費は高額だが、会費を払ってでも会員になっておいてよかったと思うのはこういうときである。灰色文献が簡単に入手できるのだ。

十分後にＦＡＸで全枚数を受信。中身を点検のうえ、学長室に届ける。翌日の学部長会では、この資料をもとに今後の方針を相談されたとのこと。「人の褌で相撲をとる」かたちではあるが、なんとか要求を切り抜けることができた。

†昭和十三年の絵の値段を、今の価値に換算できるか？

次にカウンターに現れたのは、美学・芸術学を専攻する大学院生だ。

「いま画家の藤田《ふじた》嗣治《つぐはる》を調べているのですが、一九三八年に藤田が売った絵がありまして、それが当時の金額にすると五万円だったのです。この五万円という金額を、現在（質問時・一九九八年）の貨幣価値に換算するには、いったいどうしたらよいのでしょうか」とのこと。


これはよくある話だ。絵に限らず、なんにでも応用できる。しかし、決定的によい方法があるわけではない。工夫して対応するしかないのだ。

「一九三八年といえば、昭和十三年ですね。うーん。あなた自身は何を基準に考えればよいと思いますか」と私。

「米か何かでしょうか？」

「世の中の物価と寄り添うかたちで変化してきた値段・価格はいったい何かと考えたら、やはり人事院勧告に基づく公務員の給与がいちばん無難に使われるようですね。でも、人事院は昭和二十二年にできていますので、戦前は難しいように思います」

「ほかに手はありませんか」と真剣な眼差し。

「日本銀行の作成資料で『企業物価戦前基準指数』がありますが、これが参考になるはずです。明治時代からこれまでの分があるはずです。Ｗｅｂ上にあるのではないですか。いちど検索エンジンで探索しましょう」

『企業物価戦前基準指数』を検索していると、日本銀行金融研究所貨幣博物館のＷｅｂサイトに『お金に関するＱ＆Ａ』の頁を発見する（http://www.imes.boj.or.jp/cm/htmls/feature_faq.htm, accessed 2003-12-04)。

そのなかに「昭和〇年の一円は今のお金のいくらくらいに相当するのですか？」との事例がある。これは使えそうだ。

事例によると、『企業物価戦前基準指数』は明治三十四年からとり始めた指数であり、昭和九年〜十一年平均を一とすると、昭和十三年の企業物価基準指数は年平均で一・三二七、平成十（一九九八）年は六八七・五である。それゆえ、六八七・五÷一・三二七として五一八倍となる。

「どうやら、現在の物価は昭和十三年の五一八倍のようですね。五万円×五一八倍は、二千五百九十万円ですか。あくまでもだいたいの価値ですが、その程度の値打ちとしてもよいと思います」

†レファレンス・サービスの支援領域

念のために説明しておくが、レファレンス担当者は特定の事柄に精通し、関係情報をそのまま頭の中に記憶しているわけではない。どの資料を見れば利用者の探している情報に行き着くか、自館で所蔵しない資料はどの機関で所蔵しているかを知る専門家に過ぎない。

このため、質問に対して「この答えが正しい」、「こう探索すべきだ」といった回答が可能なわけではない。むしろ、「この資料はどうでしょうか」「こうすると資料が見つかります」と、複数の資料現物やそのアプローチ法を提示して、利用者に判断してもらうしかないのだ。資料や情報を提示することで語る——。それがレファレンス・サービスの「矩《のり》」であり「掟」というものである。

こうしたサービスは、大学図書館にとどまらず、皆さんの身近な公共図書館でも主流になってきている。公共図書館でも従来の本の貸出の多さを競うことから、レファレンス・サービスを充実させ、「文化教養型施設」から「課題解決型施設」への脱皮を図っている。

特に「ビジネス支援」と銘打ったレファレンス・サービスの強化は声高に叫ばれている。

これには、アメリカの公共図書館の影響もある。アメリカの先端をいくNew York Public Libraryでは、起業家が図書館提供の商用データベースを検索して、新ビジネスを興すことを支援することもサービスの範疇となっている（詳細は菅谷明子著『未来をつくる図書館』岩波書店、二〇〇三を参照）。

日本でも、私の身近な地域であれば、大阪府立中之島図書館が二〇〇四年からビジネス支援を強化することを宣言した。ビジネス分野に詳しい司書を育成して、相談を受けやすくし、小説類は他の図書館に移すそうである（「中之島図書館起業を応援」『朝日新聞』二〇〇四年一月一日朝刊・関西版）。

3 レファレンス・サービスの舞台裏

ここまでのところで、読者にはレファレンス・サービスの内容をおおよそイメージしていただけたのではないだろうか。

レファレンス・サービスは、数学の幾何《きか》の問題を解くのに悩んでいる人に対し、補助線を引く役割に似ている。またそれは、鎌倉・東慶寺のような「駆け込み寺」に譬えることも可能だ。調査や執筆に行き詰って土俵際に追い込まれた利用者でも、レファレンス・サービスで助言を得て「うっちゃり」をかますことができる。

図書館のヘビーユーザーになれるかなれないかは、このサービスを上手に利用できるかどうかで決まると認識していただきたい。

さて、図書館員のなかでも情報探索を専門としている館員を、レファレンス・ライブラリアンと呼ぶ。レファレンス・ライブラリアンは、ある意味、資料と情報のコンサルタントである。

この節では、レファレンスに対応する職員が、日常どのような準備をしているか、その裏側を少し紹介してみたい。その舞台裏を垣間見ることで、参考になるところを読者が自分流に「翻訳」「本歌取《ほんかど》り」して、探索スタイルを形づくってもらえば幸いである。

†レファレンス・ライブラリアンの哀しき日常

「図書館員は、歩く『検索エンジン』になろう！」

二〇〇一年のIFLA（国際図書館連盟）世界大会で、もてはやされた標語だそうである。つまり、情報や資料の世界において、図書館員は利用者にとってYahoo！やGoogleの役割を果たせ！　ということらしい。しかし、言うは易く行うは難し、である。

まず、レファレンス・ライブラリアンは、基本的にはレファレンス・ブックの内容とその利用法に精通する努力が欠かせない。新たに出版されたもので、図書館が購入を決定したものには、すべて目を通す努力が求められる。優れた大工職人が鑿や鉋といった工具を大事にするように、図書館員も調べる道具であるレファレンス・ブックの利用習熟には心を砕く。『日本の参考図書』（第四版、日本図書館協会、二〇〇二）や『年刊参考図書解説目録』（日外アソシエーツ、一九九〇〜）をみて、どのようなレファレンス・ブックが存在するかに気を配っている。

毎日のように出版されるこの類の資料を吟味して購入し、しかも凡例《はんれい》をみながら収録範囲や索引形態などを点検している。そのうえで「このレファレンス・ブックは、こういう質問があったときに使える」と頭の中でシミュレーションしながら覚えるわけである。

こうした人間をレファレンス・ブック代わりに利用すれば、あなたの図書館利用能力は飛躍的に高まるという根拠は、ここにあるのだ。

以降では、レファレンス業務を担当する図書館員が実践していることをいくつか列挙してみたい。

†レビュー文献の大切さ

何か調査を始めるときに役立つものに、レビュー文献と呼ばれる類の資料がある。レファレンス・ライブラリアンはこの種の資料に目を光らせている。レビュー文献を見つけられるか、存在を知っているかどうかが、情報探索の初動調査の円滑度を左右するからである。

京都大学の川崎良孝氏の言を借りると、「ある領域で業績が多くなってきた場合、研究をさらに進めるためには、それまでの業績を整理し、合意点を確認し、相違点を抽出するとともに、研究が必要な部分を指摘するといった作業が必要になるからです。レビュー論文は主要な解釈を整理していますから、僕たちが論文を書くときには非常に参考になります。特に論文末尾に掲げてある参考文献はまず、最初に読む文献と考えてよいでしょう」ということになる（川崎良孝編集『大学生と「情報の活用」』増補版、京都大学図書館情報学研究会、二〇〇一）。

レファレンスの質問を受けたとき、その主題領域における最新成果・研究状況を把握する文献を見つけ出すことが大切なのである。

レビュー文献を読むと、不謹慎な言い方だが、研究者の「遊女評判記《ゆうじょひょうばんき》」（江戸時代、遊女の容姿・性情の品定めした案内ガイド）を読む気持ちがする。どの研究者がどの分野で実績をあげているか、現段階で誰の成果が評価され、誰が批判されているかが見えてくる。

レビュー文献の典型的なものをあげよう。

まずは、『史学雑誌』の『〇〇〇〇年の歴史学会　回顧と展望』である。『史学雑誌』は毎年五月号を学界のレビュー記事特集にあてている。歴史学に関係する文献であればレビュー対象となり、一年分の研究成果、研究動向、発表された学術文献が、評価つき（あまり厳しいものではないが）で紹介されている。

読み込むたびに、どのような学術雑誌や研究者が支配的な位置にいるのか、あるいは形成されている学派の特徴、学会をリードする学術雑誌名がおのずから明らかになる。たとえ自分に論文の読解能力がなくても、そこで展開される評価に立脚しながら資料分析ができる。形式的・外的評価スケールとして用いることができるのだ。

特に初心者にとっては夥しい文献のなかでも、何を優先的に読めばよいのかを容易に理解できる点で、必ず記憶しておかねばならない性質のものといえよう。

また、学術雑誌『国語学』には、特集「××××年・××××年における国語学界の展望」という学界回顧号がある。国語学の学界でアクチャルな問題はなにか、自分の研究テーマに関する文献で評価されているものはどれかを探すのに困っている利用者にとっては、まことに有益なものとなろう。

法律の世界には判例というものがあるが、この場合も、雑誌『法律時報』が毎年「判例回顧と展望」という特集を組んでいる。重要判例となったものについて、解説が付されているのがふつうである。

レビュー文献やレビュー論文は、どの研究領域にも必ず存在する。それは、雑誌の論文の形態をとる場合もあるし、本の形態をとる場合もある。利用者が知らないだけで、かなりの量がでているのだ。

私たちは、図書館で新しく学術雑誌を定期講読する場合、どの程度こうしたレビュー文献で評価される論文を掲載しているかを過去に遡って検証し、採否を決定する。

レファレンス・ライブラリアンは、常にレビュー文献を読んでいるわけではない。しかし、この分野にはこんなレビュー特集があるということをよく知っていて、常にこの種の文献や特集記事に注意を払っている。まるでホテルのコンシェルジェが参考資料を丁寧にクリアファイルに収め、デスクに武器として保管しているように。

†「講座」もの、シリーズの別巻の上手な利用法

出版物のなかには、「講座○○」「××講座」と名のつく資料が数多く存在する。目録を検索しても、たちどころに『岩波講座　現代工学の基礎』『研究講座　源氏物語の視界』『岩波講座　現代の法』……が現れる。

では「講座」ものとはなんだろうか。「講座」ものは、これまでの学問的成果を一定程度整理して示し、次の段階への足がかりをつくることを意図した出版企画と考えてよい。講座ものの上手な使い方も、効率的な情報探索に入り込めるかどうかを左右する。

その理由は、特定領域の研究成果と学説の生まれでた経過、評価すべき業績について簡潔にまとめてあるため、未知の領域にはいるときには重宝するからである。

加えてもっと注目すべきことがある。講座ものやシリーズものは、本巻以上に「別巻」や「付録」が要注意なのである。

一例をみておこう。

先頃完結した『宗教改革著作集』（教文館、一九八三〜二〇〇三）は、ルターに代表される宗教改革者の原著作を網羅したシリーズである。特に最後の第一五巻『教会規定・年表・地図・参考文献目録』は、利用度が高く極めて重要であり、研究者にとっての利便性は計りしれないと評価されている。

こうした巻をいかに目敏く見つけ、使い慣れするかが情報探索のコツなのである。独立した書物としてのみ、目録や書誌が出版されるわけではないのだ。タイトルに「講座」と冠していない場合もあり、「〇〇大系」や、「シリーズ」と名のつくものや、個人全集の別巻・付録巻は要注意である。

私たちは、レファレンスの質問を受けて、自分がその領域でまったくの門外漢であったり、どこからアプローチしてよいかわからないときは、該当研究領域の講座ものを密かに迅速に探す癖がついている。そして、別巻・付録に参考文献目録や研究ガイド文献が収録されていないかを常に押さえておくのである。

†博士論文の狙い撃ち

博士論文、といえば年若い読者は腰が引けるかもしれない。しかし、この博士論文が狙い目であることを、レファレンス・ライブラリアンは知っている。

博士論文は、その著者が研究者として自立するために書かれた論文である。学位授与大学の審査員が数ヶ月から一年近い期間をかけて審査している信頼度の高い文献だ。そして論文のなかには、特定領域の先行研究を巨細漏らさず掬い上げ、批判的継承を行う学説史の章があるのがふつうである。

それゆえ、なにか調査が生じたときには、博士論文を標榜する研究書・専門書の学説史を論じた部分を早読みし、その分野の研究の到達点を測ることを行っている。

大学図書館では、国立情報学研究所のデータベース検索システム NACSIS-IR を機関契約しているところがほとんどだ。NACSIS-IR のファイルのなかに「学位論文索引データベース」があるので、日本国内の博士論文であれば領域別にすぐ検索することが可能になっている。また、国立国会図書館の NDL-OPAC でも博士論文に絞って検索することができる。この種のデータベースで最近の博士論文を参照することがひとつの手立てとなる。

さて、博士論文は生の原稿を綴じて審査大学に提出された博士論文もあるし、編集して出版物の形態となってから審査されるものもある。博士論文は学位規則により、博士号取得後一ヶ年以内に、その論文の、またはその内容要約の印刷公表義務を取得者に課している。このため一般の書籍流通にのる出版物になっていることが多い。研究書・専門書のあとがきに「この本のもとになったのは、○○大学博士学位請求論文である」とするのは、こうした事情による。

もし、学位論文を利用するなら、出版社から発行された形態のものを利用することをお勧めしたい。というのも、博士論文と本との間には、同じ内容であっても天地の差があるからだ。索引の付与、地図・図版類の付加など、付加価値のついた出版物になったあとの博士論文を利用するほうが、私たちにはより使いやすいものであることはいうまでもない。

†ヒントの宝庫——国立国会図書館の隠れた参考文献

次に紹介したいのは、資料紹介文献の類で、特に国立国会図書館の発行する雑誌だ。

国立国会図書館は、研究紀要や広報雑誌を発行している。なかでも『参考書誌研究』、『国立国会図書館月報』、『レファレンス』などは参考になる記事が多く、図書館員なら必ず目を通しているものだ。

私たちは、まず何か特定の領域を調べなくてはならなくなったとき、この種の雑誌に関連情報がないかを探す癖がついてしまっている。

『参考書誌研究』は、「日本を調べるための日本の参考図書（除く統計書）」「講談本の研究について 付 講談登場人物索引、講談小題・異名索引」「書誌 国立国会図書館所蔵幕末・明治期錦絵・摺物等の版元・印刷所一覧（稿）」など、文献探索に有益な記事が掲載されている。

この雑誌では一九九七年から七年の歳月をかけて、神繁司氏による「ハワイ・北米における日本人移民および日系人に関する資料について」の連載が続いている。それを見ると日本人移民のテーマに関する資料として、①移民関係の外交資料（外務省資料）、②地方自治体での文書記録類、③参照すべき統計類、④先行研究の文献・史資料目録（邦文・欧文）、⑤ハワイ・北米日本人移民に関するレファレンス・ブック、⑥移民関連概説書や研究史、⑦移民関係の新聞紹介、に紙数を費やしている。そして最新回では、⑧日系移民を扱った雑誌を紹介している。

私の勤務する同志社大学では、特に米国日系移民の研究が盛んであり、この分野の研究を志す人が多い。もし、この「ハワイ・北米における日本人移民および日系人に関する資料について」を知れば、卒業論文や修士論文の準備は磐石なものとなり、既に研究入門のとば口にたてることになる。まことにありがたい文献というほかない。

図表25　国立国会図書館の発行する資料紹介文献
（上：「ハワイ・北米における日本人移民および日系人に関する資料について（3）」『参考書誌研究』52号、下：「世界の議会資料・法令資料　アメリカ（1）」『国立国会図書館月報』350号）

［1］ **研究史**

この分野に属する論稿は，移民の概念・背景・問題意識・研究法・論点等において顕著かつ重要な数多の関係資料・文献を，一定の引照基準に従って整理しており，資料検索のガイドとして何れもまず眼を通すべきものである。全般的なもののほかに，個別主題及び英文資料に関する研究史，並びに「研究動向」と題するものも若干収録した。

なお，「日本移民学会」第7回大会（1997年12月，於：関西学院大学）シンポジウムは「移民研究の現状と課題」をテーマとし，その報告及びコメントが『移民研究年報』第5号に掲載されているので，最近の移民研究の動向を概観するものとして併せて参照されたい（「移民研究の現状と課題 I〈特集〉」**『移民研究年報』**5：1998. 12, pp. 53-97〈Z3-B399〉)。

【全般】

199. 移民研究会編**『日本の移民研究 動向と目録』**日外アソシエーツ，1994
〈DC812-E190〉•

「第1部 研究史整理」(pp. 9-166) は，現時点での日本における移民研究史の集大成として，問題ごとの資料把握に際し，第一に頼られるべきレファレンス・ワークである。「I 出移民—1 基本的理解—A 研究史整理および目録」(pp. 11-12)

— 18 —

図①上院法案書式　②下院提出法案　③下院上程法案　④上院へ送付された法案（Act Print）

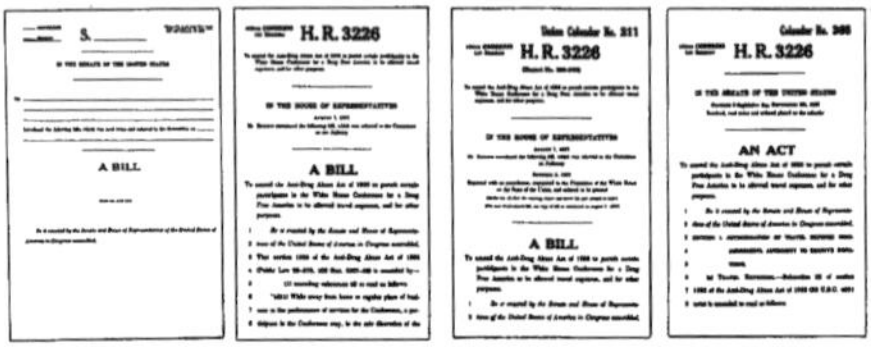

しい分野での立法の必要性に気づくことがある。次に、選挙区から個人やグループ、市民団体、法曹界、労働組合、商工業界が憲法修正第1条に保証された請願権を行使して種々の提案をしてくる。

法案の起草には知識と経験による特別の技術を要するので、多くの場合議員は法案作成顧問（Legislative Counsel）のもとへアイデアを持ち込んで法案を作成してもらう。最後に、近年最も重要な法案提出の源となっているのは「行政府書簡」と称するものである。大統領とその閣僚、独立の行政委員会、行政庁、公社の長官から下院議長、上院議長宛に送付統領の予算教書である。この教書と、両院の歳出委員会公聴会で行われる各省担当官の証言を参考として下院歳出委員会が13本の歳出法案を起草する。

iii　法案の成立数と重要法案

年間約5千件と言う膨大な数の法案がすべて成立する可能性はない。成立するのは年間約200〜300件にすぎない。このうち約半数は問題のない形式的なもの、例えば「議会200年記念金貨の発行を要請する」「○月○日を情報自由の日に指定する」「○年○月をリサイクル月間に指定する」という種類のものである。残りの100

Japanese American（日系アメリカ人）の研究を始めたい、とレファレンス・カウンターに学生が現れたら、私は迷わずこの文献をまず読むことを勧めるだろうし、この文献を見ながら質問への対応をするであろう（図表25上）。

もう一つ事例をみておこう。『国立国会図書館月報』三五〇号の「世界の議会資料・法令資料　アメリカ(1)」という連載記事である（図表25下）。

国立国会図書館は外国法令・議会資料を収集しているため、法令・議会資料に精通した関係者が多い。この記事は、アメリカの議会資料・法令資料について、1．法案、2．委員会の資料、3．議事録と議事速記録、4．シリアル・セット（議会出版物）、5．制定法律集と合衆国法典、6．連邦官報と連邦規則集、7．州法の順に、資料の概要とアプローチ法を解説している。なんと、上院・下院の法案提出シートまで掲載しているではないか。

アメリカ法を専攻する利用者や、アメリカ研究全般に関わる利用者には、過去、よくこの文献を推薦して読んでもらったものだ。この文献をベーススキャンプにすれば、相当のアプローチが可能になるだろう。特定領域の文献を調査するのに、どのような参考資料が存在するのかを丁寧に解説してくれている。

他の研究機関の雑誌や学協会誌にも同様のものはたくさんある。この種の資料紹介やアクセス方法紹介文献を、レファレンス・ライブラリアンはよく頭にいれているわけなのだ。

†学説史を押さえるための学者の自伝

ここまでのところで、学説史・研究史の重要性に気づかれたことだろう。学説史・研究史のおさらいから始めると、手にした（手にすべき）文献の重みと位置づけがはっきりする。

しかし、必死で博士論文に目を通したり、学界レビューを咀嚼するのはしんどい話だ。これには、もう少し肩の力を抜いた資料も利用できる。それは、学者の自伝類を参照することである。なぜなら、各分野の学問的な成り立ちや方法を知るのに、もっとも手っ取り早い「見取り図」を提供してくれるからである。

特定領域の学問的成果が、どのような問題意識から生まれ、形成されていったのか。その渦中にあった人たちは、どのように考え、いかなる方法をとったのか。正式にアカデミックな成果として書かれた学説史ではなく、個人的な回想を伴って書かれた学者の自伝は読みやすいのだ。

東洋学の世界なら礪波護・藤井讓治編『京大東洋学の百年』（京都大学学術出版会、二〇〇二）、心理学の分野なら南博著『学者渡世　心理学とわたくし』（文藝春秋、一九八五）や河合隼雄著『未来への記憶』（岩波書店、二〇〇一）、国語学なら大野晋著『日本語と私』（朝日新聞社、一九九九）、古代史であれば井上光貞著『わたくしの古代史学』（文藝春秋、一九八二）、経済史・社会史なら角山栄著『「生活史」の発見』（中央公論新社、二〇〇一）などいくらでもある。

以前訪問したカリフォルニア大学バークレー校では、同校のノーベル賞受賞学者に対し、どのように研究を進めて新理論・新知見を発見したかをインタビューしたうえ、その記録をオーラルヒストリー（口述の歴史）としてアーカイブに保存していた。これなども同様の意図で行われているものなのだろう。

†研究ガイドにも注意

最近では、ムック形式で啓蒙的な紹介書が出版されることが多い。AERA MOOKやわらかアカデミズム「学問がわかる。」シリーズなどがそうだ。『生命学がわかる。』、『健康学がわかる。』『歌舞伎がわかる。』……。

それに、毎年出版される定番の増刊号の類。例えば、『法学セミナー』なら四月に発行される『法学入門――法学セミナー増刊』がある。

また単行本の研究ガイドも多い。板寺一太郎著『法学文献の調べ方』（東京大学出版会、一九七八）、同著『外国法文献の調べ方』（信山社、二〇〇二）などは、法律系のレファレンス・ライブラリアンなら、ぼろぼろになるまで使っているはずだ。

こうした系統の資料にも目をとおし、各学問がどのような関係にあるのか、またどのように関連資料にアクセスできるのかを常に意識している。

†講義概要・シラバスは学問体系の索引宝庫だ

百科事典や専門事典を利用することの大事さは、すでに説いた。だが意外と等閑視されている情報源に、大学の「講義シラバス」がある。

一九九〇年代にはいり、大学の「大綱化」によって生まれてきた産物で、学生が自主的に勉強しやすいよう講義の詳しい概要と年間スケジュールを示したものだ。もともとアメリカで発達したものだが、日本でもその充実の必要性がうたわれ、講義概要・年間スケジュール・課題文献を掲載したシラバスが定着することになった。

何を隠そう、このシラバスこそ便利な勉強道具となるのだ。

なぜなら、これほど「設置科目」の概要がコンパクトにまとめられているものはない。年間講義スケジュールを見れば、どういう順序でその科目を勉強すればよいかも理解でき、定評あるテキストや参考文献が並べられている。なんと贅沢な無料情報であろうか。まさに学問世界の小宇宙、学問の俳句的表現といってよい。

私たちもシラバス情報をよく参照する。図書館員にとっても知の宝庫なのだ。シラバスは、勉強の進め方を確認する参考資料以上の働きをすることもある。

先日、十九世紀イギリスの出版社・アッカーマン社の刊行物 *The microcosm of Lon-*

don（ロンドンの小宇宙）の評価について調査していたが、関連文献が見つからず困っていた。インターネットで検索したところ、アメリカ・ミネソタ大学の英文学講義シラバス「ビクトリア朝文学」にヒットした。シラバスのなかでいま調べている書物に関することが記述されているではないか。

藁をもつかむ思いで、ミネソタ大学の教授に「この本は、文学作品に現れる場所・建物の再現に有効ですか？」とEメールで訊いたところ、翌日には丁寧な助言と解説が届いた。

シラバスはインターネット上に公開している大学が多いので、利用の工夫をすれば調べものにも役立てることもできるというわけである。

†児童書の利用で頭を整理する

司馬遼太郎がその著書『風塵抄』（中央公論社、一九九一）のなかで、独学の方法について披瀝しているくだりがある。

いきなりむずかしい本を読んでもわからない。その場合のコツは永年の〝独学癖〟で身につけた。少年・少女用の科学本をできるだけ多種類読むのである。

子供むけの本は、たいていは当代一流の学者が書いている。それに、子供むけの本は文章が明快で、大人のための本にありがちなあいまいさがない。

そのあと大人のための本をよむと、夜があけたように説明や描写が、ありありとわかってくる。

レファレンスの現場では、いつ、どんな質問が飛び込んでくるのかわからない。守備範囲が広いため、学問領域全般の背景情報・体系概要は知っていなくては務まらない。私たちも司馬と同じ方法をとっている。

例えば『ちくまプリマーブックス』のシリーズなどは、どれほど重宝したかわからない。学問としての服飾やファッション、哲学の身体論を知るためには、鷲田清一著『ちぐはぐな身体《からだ》――ファッションって何?』(筑摩書房、一九九五)はまことに都合のよい本である。現代の美術史の方法論的な主流、イコノロジー研究の方法に触れたければ同シリーズの若桑みどり著『イメージを読む――美術史入門』(筑摩書房、一九九三)に目を通すのがはやい。様式主義から解釈主義へと変化してきた美術史の潮流がわかろうというものだ。鷲田氏や若桑氏の小難しい研究書を最初に紐解くよりは、より速くしかも容易に対象を理解することができる。

私のまわりには、岩波ジュニア新書のシリーズを読んで、各学問領域のマッピングをしている人も多い。このシリーズは、ヤングアダルト向けに実に丁寧に分かりやすく語っていることで評判のものだ。

†達人たちの探索方法をストーカーする

レファレンス・ライブラリアンは、「文献渉猟の達人」のやり方をじっとストーカーしている。

いつも脱帽するのは、国際日本文化研究センターの井上章一氏である。彼の探索方法や着想は資料や情報を扱うときのヒントに充ちている、と考えるのは私ひとりではあるまい。彼の文献渉猟ぶりは生半可なものではない。

一九九〇年代の半ば、京都府立総合資料館で井上章一氏の講演会があったときの話である。テーマは「下着の流行史」である。これは後に『パンツが見える。』（朝日新聞社、二〇〇二）に結実した内容のものである。

この作品は、いかに歩いて資料を稼ぐか、身体をつかって渉猟するかの見本のような作品である。彼のラブホテルの研究書『愛の空間』（角川書店、一九九九）も同様である。端倪すべからざる渉猟能力とタフネスぶりには頭《こうべ》を垂れるしかない。渉猟の達人の面目躍如たる作品である。

その際、本人と直接話せる千載一遇のチャンスとばかり、訊いたのである。

「是非、資料探索法を教えていただきたい。いったい、女性の立小便や下着を履かないノーパンの証明資料を、どのように集めておられるのですか。レファレンス・ブックなど絶対ないはずです。何か隠れた方法やツールをお持ちなのですか」

井上氏の回答は、「方法はありません。これはと思われる資料群に目をつけて、すべて読むのです。究極の濫読を突き進むのです。ただし、どのあたりに関連資料があるかを判断する嗅覚も必要です。私の考え方では、戦前のエロ情報・風俗出版物で役立つものは必ず発禁になっていると思うのです。ですから、『国立国会図書館所蔵発禁図書目録』をみて、国立国会図書館の発禁本コーナーに通いました。発禁図書の五〇%が左翼思想系、三〇%がエロ系でした」であったと記憶する。

またある夜半、読売テレビ（関西ローカル）の番組を見ていたときのことである。ゲストに井上章一氏がでてきた。番組の中でたまたま辞書の話になり、編集方針にどのような邪推を差し挟めるかという話題で盛りあがっていた。

事例として彼は、「例えば『広辞苑』をみます。まず『ドロップキック』という単語を引いてみるわけです。するとその解説は、『ラグビーで、ボールを地面に落として跳ねかえるときに蹴ること。』とあります。しかし、ドロップキックというのはこれだけではありません。プロレス好きの人ならすぐわかりますが、空中を飛んで相手に蹴りを見舞ったあと、自らキャンバスに落ちる技もドロップキックです。これが採られていないというのは、明らかに『広辞苑』のプロレス蔑視、プロレス差別の思想のあらわれです」と語った。おそらく資料や情報を解析する「文脈力」の持ち主なのだろう。辞書の記述からその辞書の編集者の思想まで炙りだす。情報探索や文献探索には、探索の切り口を工夫し、資料と資料の間に連関を見出すことが最も重要なのである。

†「方法を知るための読書」に徹する

レファレンスを担当して辛いのは、読書を楽しむことができなくなることだ。世間では読書が話題になると、「読み味わうための読書」「情報を得るための読書」と概ね二つに分ける傾向がある。私に言わせれば、もうひとつ「方法を知るための読書」というカテゴリーが存在するのに気がつき始める。

つまり、ある研究書・専門書を、その内容を問題とするのではなく、どのように論を進めているか、またどのような文献やデータを引用しながら書いているかを見たいのだ。

たとえば、人物を追跡していくときや、伝記的な研究をする場合には、人物の事跡の探索方法は誰もが知りたいところであろう。こうしたとき、江刺昭子著『女の一生を書く——評伝の方法と視点』（日本エディタースクール出版部、一九九四）などは、恰好の事例を披露してくれる本である。女流作家や女性思想家の伝記を書かれた江刺氏の方法を開陳したものだが、彼女独自の年譜の作成方法や資料の探索方法、聞き書きの方法が展開される。そのなかに、ある人物を調査していて、その人が住んでいた場所を特定しなくてはならない場合の言及がある。戦前に住んでいた住所は判明しているが、区画整理や地名変更などで現在の住所番地と比定するのは簡単ではない。

だから、現在地を特定するためには、次のような方法をとる。その人物のある時期の住所が手紙などで判明したら、その住所を現在の地図上でおおよそ推量し、該当地区の法務局に行って、まず土地台帳を閲覧する。土地台帳は、土地の所有者の変遷を記していると同時に、住所表示の変遷もたどれるので、根気よく繰っていくと、当該人物の住んでいた当時の住所表示に出会うはずで、そこから現在の住所表示を特定する。そうして、今度は地域の図書館に備えてある現在の住宅地図、つまり一戸一戸の居住者名の出ている地図で、その住所に住んでいる居住者名を確認し、その家を探す、という手順になる。

こうした記述を日頃から探しながら、本を読んでいる。そしてファイルしていく。まことに因果な職業と思いながらも、誰でも実践している内容である。

天才アラーキーこと、写真家・荒木経惟氏は、写真についてよくこう語る。

「モノを撮るんじゃないよ、コトを撮るんだよ」

これを換骨奪胎すれば、資料を扱うときは、知識を読むのではなく、方法や着想を読むように心がけろと言えないだろうか。モノを読んでいるだけなら、そこで終わる。コトを読んでいるかぎり、その先への扉は開かれていると。

†とにかくレファレンス・ライブラリアンに訊く

図書館員の専門性は、資料の持つ特徴や機能、その質をよく知っていることだ。そして、資料や情報の奏でるざわめきに、いつも耳を澄ましている。だからこそ利用者は、レファレンス・サービスを利用して訊けばよいのだ。

これまた唐突で申し訳ないが、歴史家のE・H・カーは、講演『歴史とは何か』(岩波書店、一九六二)の中で、歴史家が追う「事実」の掘出し方について次のように触れている。

実際、事実というのは決して魚屋の店先にある魚のようなものではありません。むしろ、事実は、広大な、時には近よることも出来ぬ海の中を泳ぎ廻っている魚のようなもので、歴史家が何を捕えるかは、偶然にもよりますけれども、多くは彼がどの辺で釣りをするか、どんな釣道具を使うか――もちろん、この二つの要素は彼が捕えようとする魚の種類によって決定されますが――によるのです。

まことにわが意を得たり、と感じ入ることばだ。なぜならこのことばは、事実を証明する資料や情報を探索するときにも、そのまま当てはまるからだ。私はレファレンス業務を担当するとき、常にこの「事実」を資料・情報ということばに勝手によみ換えて実践してきた。

図書館に並んでいる資料は、単に店先に並んでいる魚に過ぎない。そして、それは資料の世界や情報の世界のほんの一部に過ぎない。だからこそ、レファレンス・ライブラリアンは、利用者への質問に答えるため、渉猟する対象の分野や主題、利用する道具、つまりレファレンス・ブックを徹底して知り抜こうと努力をしている。

もちろん人間である以上知らないことも多いが、かくあろうと努力しているこの種のヒトに声をかけるだけでよい。電話やFAX、最近ではデジタルレファレンスと称してEメールでも質問を受け付けてくれる図書館も増えている。是非ともこうしたサービスを利用することを推奨し、本章を閉じることにする。

第6章

資料は世界を巡り、利用者も世界を巡る

外国の図書館から届く借用資料

1　相互利用サービスを活用する——訪問利用・現物貸借・文献複写

いくつかの探索ステップを踏み、あるいはレファレンス・ライブラリアンに相談し、いきつ戻りつして資料の存在を知る。だが残念なのは、せっかく発見した資料が、常にホームライブラリーに所蔵されているとは限らないという現実だ。

学習や研究が深化すればするほど、所蔵されていない資料が多く現れ、ストレスが溜まってくる。少し探索技術が向上してくると、むしろ「苦労して見つけたのに、自分の図書館にない」と歯噛みする場合の方が多いのだ。

では、どうすればよいのか。この難局で頼りになるのが、大学図書館界で年々盛んになる「相互利用サービス」である。このサービスを酷使すれば、容易に問題を解決できるのだ。

本章では、相互利用に関連するトピックを紹介して、読者の皆さんに〝決して諦めない精神〟を移植していきたいと考えている。

†相互利用サービスの内容

相互利用サービスの内容は、概ね三つに分けることができるだろう。

一つめは、求める資料を所蔵している他館に直接出向き、資料現物を閲覧させてもらうことである。これを訪問利用と呼ぼう。後述するように、自分の所属する図書館長等が発行する公式な紹介状がいる場合と、協定を結んでいる図書館なら紹介状は必要なく、身分証のみで利用できる場合がある。早稲田大学と同志社大学との相互利用協定では、身分証を提示すればお互いの館を利用できるし、東京の山手コンソーシアム（青山学院・学習院・國学院・東洋・法政・明治・明治学院・立教で構成）では、身分証を提示すれば各大学の図書館利用カードを発行してもらえる。

二つめは、現物貸借と呼ばれるものだ。これはズバリ、現物を所蔵する図書館から求める資料を貸与送付してもらい、一定期間、閲覧させてもらうものだ。

原則はホームライブラリーへの貸出であり、依頼した利用者自身への直接貸出ではない。持ち帰りができないため、ホームライブラリー内で利用するにとどまるのがふつうだ。特別の協定やコンソーシアムを形成している大学図書館間では持ち帰ることができる場合もあるだろう。

最後は、文献複写の依頼である。資料の現物を送付してもらうのではなく、学術雑誌に掲載された論文名や記事名、図書の特定の章・節が判然としている場合は、所蔵館に複写を依頼することができる。

相互利用のなかでも、特に「現物貸借」と「文献複写」を手配するサービスをさして、ILL (Interlibrary Loan) サービスと呼んでいる。よく使われることばなので、この際覚えておくとよいだろう。

相互利用サービスは驚くほど重宝なサービスであり、皆で協力しあう気高い精神のもとに運用されている。その上、サービスの範囲は日本国内にとどまらず、海外の研究機関ともネットワークが築かれているのだ。

†NACSIS Webcatの公開とILLの進展

自館で所蔵していない資料について、他の所蔵館に利用の斡旋をしてくれるサービスは昔から存在していた。しかし、私の学生時代(一九八〇年代半ば)には、どの図書館がどのような資料を所蔵しているかを調べるツール(所蔵目録など)は少なかった。通信機器も、インターネットはおろか、FAXすら事務機器として一般化していない時代である。

そこで、特定の資料を閲覧したい場合は、相互利用を担当する図書館員に依頼して、その経験と勘をたよりに問合せをしてもらっていた。

電話で所蔵の有無を問合せるのは失礼とばかりに、ハガキや手紙で「探している学生がおりますが、お持ちでしょうか？　またお持ちの場合、閲覧させていただけますでしょうか？」との趣旨を書いた郵便物を、複数の図書館に送っていた。まことに悠長な話である。

状況は一九九〇年頃から一変する。画期的な変化をもたらしたのは、大学図書館界の目録データと所蔵データを取りまとめる中心となった文部省（当時）の学術情報センター（現在の国立情報学研究所：ＮＩＩ）であった。

学術情報センターが運営したNACSIS-CATと呼ばれる総合目録（書誌・所蔵データベース）は、参加している大学・研究機関の一部の人たちしか検索することができなかった。このため、学生利用者は図書館に出向いて図書館員に代行で検索してもらうしか方法がなかったが、一九九八年にいたって、NACSIS Webcatの名でインターネット上に公開された。

いまでは誰でも検索でき、どの資料をどの大学・研究機関が所蔵しているか（主に国内、一部英国ケンブリッジ大学やオックスフォード大学など海外組含む）が手に取るようにわかる。読者は、インターネットに接続してＷｅｂを利用できる環境があれば、いつでもどこでも利用できる（第3章参照）。

図表26　NACSIS-ILLによる依頼レコード件数及び、参加機関数の推移

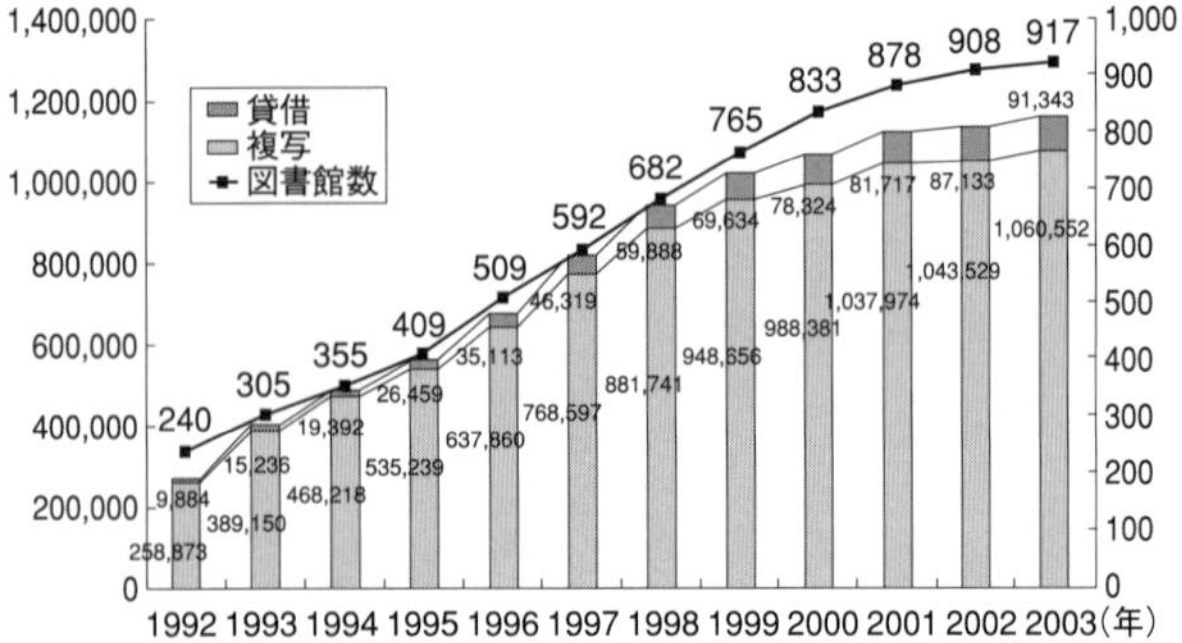

検索してみれば一目瞭然だが、参加機関の所蔵状況が表示されるので、閲覧したい資料がその図書館でいま貸出中でないかなど事前調査さえすれば、紹介状を持って出掛ければよい。

受入れてくれる相手館には、ホームライブラリーから事前に連絡を入れておくことになっているので、相手図書館のカウンターにいけば万全の用意で取り置きされているという丁寧さである。

過去の十数年、大学図書館の世界では国立情報学研究所（NII）の果たした役割は、ひじょうに大きい。一九九二年からはNACSIS-CATのデータベースを元にしたNACSIS-ILLシステムが稼動し、現在大学図書館の多くはこのシステムを利用して、現物貸借や文献複写の業務を展開している。

図表26をご覧いただきたい。NACSIS-ILLシステムが一九九二年に稼動して以降、同システムを利

用して遣り取りされた相互利用の依頼件数の推移をグラフにしたものだ。一九九二年に九千八百八十四件であった資料の貸借は、二〇〇三年には九万一千三百四十三件に、また、二十五万八千八百七十三件であった文献複写は、百六万五百五十二件にまで増加しており、ＩＬＬの著しい伸長ぶりが容易にみてとれる（http://www.nii.ac.jp/CAT-ILL/contents/nii_stat_reqnum.html, accessed 2004-06-24)。

大学生はホームライブラリーに申し出れば、このサービスを簡単に享受できるのだ。まさに、資料利用の特権階級といわずして何なのであろうか。

†紹介状は図書館界へのパスポート

さて、レファレンス担当者や相互利用担当者と相談した結果、求める資料が近隣の大学や研究機関に所蔵されていたというケースは多い。その際、速くかつ確実に資料を確認したければ、直接その所蔵館を訪ねるのが最も賢明な利用法である。

この時、ブラリと丸腰で訪ねてもダメである。NACSIS Webcatなどで近隣の大学図書館に所蔵していることがわかっても、現在閲覧利用できる状態にあるかどうかはわからない。別の利用者が既に借り出していることも往々にしてあることだ。

図書館では相手館に対し、利用できるかどうかの打診を利用者に代わって行ってくれる。

対象資料が現在使える状態であるかを電話、FAX、Eメールで確認する約束になっているからだ。

この段階で相手館からOKの連絡がくれば、閲覧を希望する資料はおそらく相手館の閲覧窓口カウンターに取り置きになるだろう。訪問時に探す手間を省くためである。

このような手続きを経て、図書館はあなたに対し相手館への「閲覧紹介状」を発行し、持たせてくれるはずである。この紹介状は、多くの場合図書館長等の公印を付したもので、図書館を渡り歩くためのパスポートの役割を果たす。身分証と併せて訪問先に見せれば、閲覧利用の許可を得ることができ、拒否されることはない。利用を拒否することは、紹介している図書館を拒否することになるからだ。

公印入りであるので、れっきとした文書である。逆に利用者自身の責任も相当重く、エチケットに気を配ることが大切だ。在籍する大学の紹介を受けて利用しにいくわけだから、相手図書館で粗相を起こすと利用者個人の責任では済まなくなる。

説教くさくなるが、大切な資料を閲覧させてもらっていることを常に認識し、資料を痛めないよう細心の注意を払うことは当然だ。そして、相手館の開室時間等にも気を配り、閉館間際に駆け込んで手数をとらせることがないように努めたい。

紹介状には利用したい資料を記述して持参するものだが、訪問のついでに、「あれも見せてもらえますか、これも見せてもらえますか」と閲覧したい資料を継ぎ足していく人を時に見かける。これも基本的にはご法度である。

公共図書館の場合は、紹介状をもたなくてもよいのが一般的である。逆に企業や団体が運営する専門図書館を訪問する場合は、いろいろ手続きが異なる。

各専門図書館には、さまざまなコレクションの特徴や運用の工夫、利用の制約がある。この種の図書館・研究機関も、利用目的さえ明確であれば、喜んで受入れてもらえるはずだ。いずれの利用も、ホームライブラリーのカウンターで担当の図書館員に相談すればよいだけだ。

†文献複写と現物貸借

前項は、近隣の図書館を訪問して直接閲覧する話であったが、求める資料が遠方にしかない場合もある。この場合は複写を依頼するか、現物貸借を申し込めばよい。もちろん複写代金や郵送料は、利用者の負担であることが原則となる。

第6章扉の写真は、毎日私の勤める図書館に送付されてくる複写物の封筒であり、現物貸借の図書の梱包された小包である。

各大学で作成している所定の申し込み用紙に記入するか、申し込みシステムに入力すれば、図書館側で所蔵相手館を確認のうえ、大学名で申し込み手続きをしておいてくれる。国内であれば、一週間から十日ほどで届くのが一般的だ。図書館に到着すれば、連絡をしてもらえるので、複写料金や郵送料を支払って、実際に利用するわけだ。

こうしたＩＬＬサービスは、国内の所蔵館にとどまらない。海外に依頼する件数もますます増えている。

例えば、最近各大学で利用者に公開されることの多いデータベースOCLC WorldCatを利用すれば、探している資料が国内にない場合、世界のどの図書館が所蔵しているかを確認できる（第3章）。

WorldCatで確認できれば、ハーバード大学やイェール大学をはじめ海外の諸大学へ申し込むことができる。もちろん、手続きは読者の所属するホームライブラリーの窓口で代行してくれる。

また、英国のＢＬＤＳＣ（British Library Document Supply Centre）を経由して、大英図書館やその協力館に同様のことを依頼できる。大英図書館は古くから、文献デリバリーをビジネスとして確立する努力をしてきた。文献複写や現物貸借には戦略的な立場をとっている。サービスは有料で、複写は一件約千五百円、貸出送付は一件約二千五百円程度で文献が届く。このサービスを利用していない大学図書館があるとは想像できないところだ。

ＢＬＤＳＣは、逐次刊行物約二十五万タイトル、図書約三百万冊を所蔵する世界最大級の文献提供機関であり、世界中から毎日約一万五千件！の注文がはいるらしく、その約九〇％には応えられるといわれている。ＢＬＤＳＣが所蔵していない資料は、英国内の協力館に手配してくれるのだ。

その他にも、ＩＦＬＡ（国際図書館連盟）の所定フォームを用いて、郵送にて世界中の図書館に依頼することも可能だ。私の経験では、ドイツ・フンボルト大学、ロシア国立図書館などが、複写物の送付、現物の貸借に対応してくれた。

本当に必要とする資料に対して熱意をもって臨めば、思いのほか容易に入手に漕ぎつけることが可能である。相互利用サービスを展開するために、諸機関や諸エージェントとネットワークを張っているのが大学の図書館なのだ。

†幻の学位論文もゲット

ある日、文献の存在はわかるがどこに所蔵されているのかわからないとの相談が図書館に持ち込まれた。本人のノートには、Kelk, Norman John., *The writings of Mary Ellen Richmond* とある。これまた、日本の NACSIS Webcat で国内の所蔵を、OCLC World-Cat で海外の所蔵を探してみるがさっぱり出てこない。

「これは本ですか？　まさか雑誌の論文ではないですよね。それにいつ頃出版された本かわかりますか」と慌てて問う。百年前に出た本であれば、そう簡単にコンピュータで検索できるとは限らないのだから。

「たぶん本だと思うのですが。この本を私の修士論文でどうしても参考にしたいのです。私の事前の調べが足りませんでしょうか。古い本だとは思えません。しかし、この本をメモしたとき、なぜか出版社は書いてなかったのです」と利用者がいう。

「あの、どの資料にこの文献が紹介されていたのか、覚えてますか」

「いや、本に載っていたのではありません。インターネットを検索していて、ニューサウスウェールズ大学のなかのサイトでヒットしました」

「——。ニューサウスウェールズ大学って、オーストラリアの大学ですね。どおりで、英米系のデータベースで検索してもないはずです。はやくそれを言ってください」

オーストラリアの本であれば、オーストラリア国立図書館のオンライン蔵書目録で検索してみればよい、と思いインターネットで検索したが、やはりこの本はない。

「おかしいですね。いっそ原点に戻って、ニューサウスウェールズ大学の図書館目録で検索してみましょう」

検索エンジンでUniversity of New South Walesを検索し、ホームページからニュー

図表27　ニューサウスウェールズ大学（豪）のOPAC詳細画面

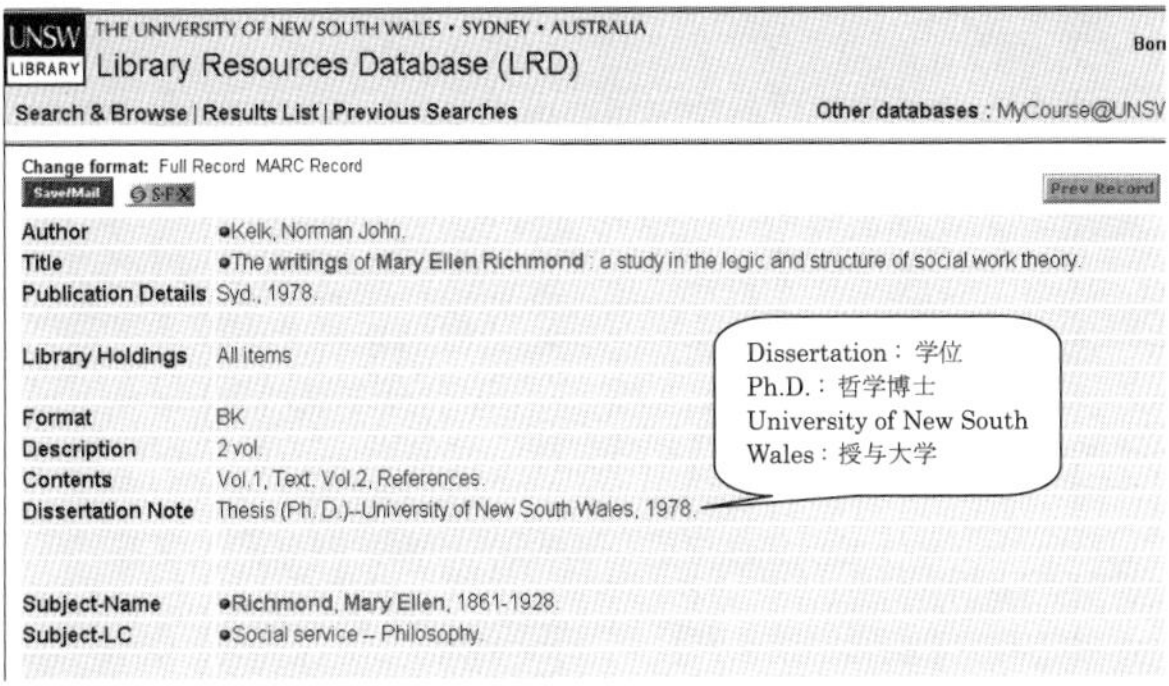

サウスウェールズ大学の図書館蔵書検索システム（OPAC）に入っていく。検索の結果、図表27のような書誌情報が表示された。

目録の書誌情報からいろいろなことがわかる。タイトルの副題から、社会事業・社会福祉家のエレン・リッチモンドの理論を分析したものであること、また、この本が二冊からなり、第一巻は本文のテキスト、第二巻はレファレンスつまり参考文献で、二つ併せて一つのセットになっているのだ。

重要なのは商業出版社から発行されたものではなく、ニューサウスウェールズでの博士学位の論文であることがわかる点である。要するに学位請求論文として提出され、一九七八年に哲学博士が授与された論文であるのだ。だから、データベースや他のオンライン目録を探しても見つからないわけだ。この事実ひとつをとってみても、「出典」と「書誌情報」

がモノ調べの生命線であることが如実に示されている。

「どうも博士論文のようなので、通常の出版社から発行されていないおそれがあります。それにしてもオーストラリア国立図書館にも所蔵されていないなんて、どうなっているのでしょう。相手先に訊いてみますので、二、三日時間をもらいます」

「えっ、ニューサウスウェールズ大学へ直接問合せてもらえるのですか？　よろしくお願いします！」と、利用者は希望で頬を染めて帰っていくのだった。

ニューサウスウェールズ大学図書館の連絡先Eメールアドレスをホームページで調べ、早速問合せる。

「当方、日本の京都にあります同志社大学図書館です。ニューサウスウェールズ大学とは国際協力関係を結び、留学生を毎年交換するなどの提携関係にあります。本日は、貴館所蔵の学位論文について問合せいたします……」

翌日に来た返信のEメールには、「事情はよくわかりました。①今後のこちらとの折衝は、学生さん本人ではなく、あくまで図書館を窓口にしてコンタクトしてください。②学位論文については所蔵しています。③この論文は出版されていない原稿なので日本に貸出することはできません。④そのかわり、希望されるならば本人の確認を取った後、全頁にわたり複写することが可能です。⑤期間的には一ヶ月を見込んでください。⑥複写料金は前払いでお願いします。⑦支払いは、カードも現金も受け付けません。郵便局が発行するインターナショナル・マネー・オーダー（国際為替）にしてください。⑧複写料金を見積もったところ、約○○豪州ドルです。複写を希望するかどうか、利用者に聞いてください。回答をお待ちします」とある。

利用者に連絡すると、日本円で約一万円程度であるが、「是非欲しい」とのこと。早速ニューサウスウェールズの図書館員に入手したい旨を伝える。それから、正確な複写代金を確認し、近くの郵便局で作成したインターナショナル・マネー・オーダーを書留で送付。おそらく一週間程度で相手先に届くだろう。

こうして約一ヶ月後「ドサッ」と重く分厚い封筒が彼の地より届く。中身を確認すると例の学位論文のコピーだ。早速到着の旨を、申込者とニューサウスウェールズ大学図書館の双方に報告する。かくして一件落着である。

相互利用の世界の進展は本当に著しい。まさかそんなものが……という資料が入手できる。また大学機関だけではなく、民間企業の研究機関もこうした対応をしてくれている。香りや匂いの人間心理への影響を研究している学生に請われ、某香料会社の研究員が学会で発表した内容のサマリー（要約）を送付してもらったこともある。事例など枚挙に暇無しの観がある。

相互利用サービスを利用するしないは、あなたの自由である。しかし、大学が高い人件費を投入して展開しているサービスを使わずにおくのは、あまりにも惜しいとはいえないか。

2 いざ、外国の図書館に出陣する

†外国の図書館に乗り込む

外国の図書館へ乗り込む――。ごたいそうな話に聞こえるかもしれないが、この種の相談は意外に多い。四年生が卒業論文の資料を閲覧するために、大学院生が修士論文の資料を集めるために、という事例は結構多い。航空券の低価格化がもたらした産物であろう。現地に乗りこんで調べたいという勇気と闘魂をたたえたい。
どの図書館もこうした希望に対応するため、海外図書館訪問用の欧文紹介状を準備している（図表28）。その際、閲覧したい資料が特定されている場合は、事前に相手館との交渉を済ませておくことが多い。せっかく外国まで行って「貸出中だった」とか「修理中であった」では洒落にならないからだ。

相手館との交渉は、図書館が窓口を務めなければならないところ、利用者個人で直接事前のコンタクトをとればよいところ、身分照会さえできればいつ訪問してもよいとするところなど、お国柄次第である。

特に夏休み前になると、外国研究を専《もっぱ》らとする利用者から紹介状発行の申し込みがある。北京大学図書館から、スウェーデンのウプサラ大学、また英国パブリック・レコード・オフィス（国立公文書館）などさまざまな機関名が並ぶ。

図表 28　同志社大学での欧文紹介状

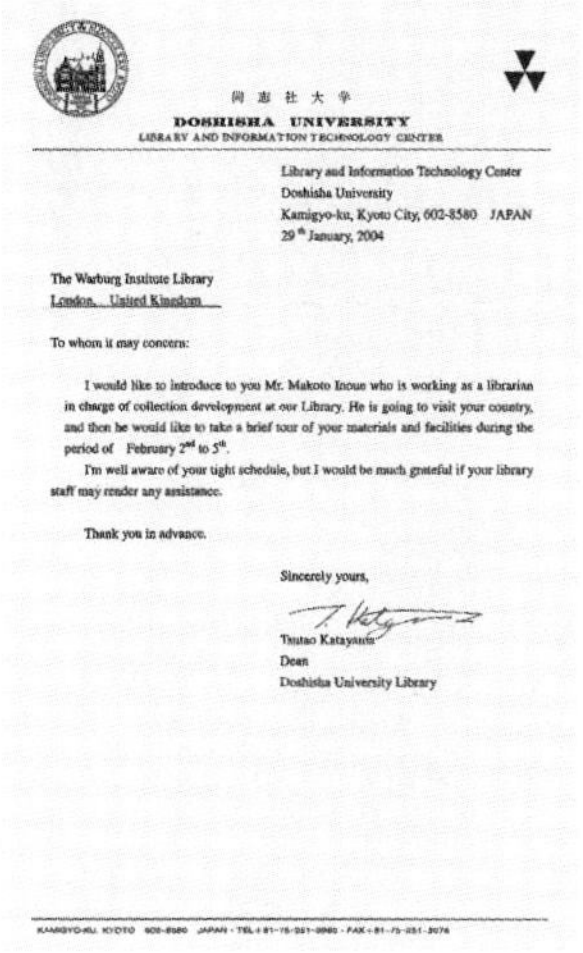
同志社大学
DOSHISHA UNIVERSITY
LIBRARY AND INFORMATION TECHNOLOGY CENTER

Library and Information Technology Center
Doshisha University
Kamigyo-ku, Kyoto City, 602-8580 JAPAN
29th January, 2004

The Warburg Institute Library
London, United Kingdom

To whom it may concern:

I would like to introduce to you Mr. Makoto Inoue who is working as a librarian in charge of collection development at our Library. He is going to visit your country, and then he would like to take a brief tour of your materials and facilities during the period of February 2nd to 5th.

I'm well aware of your tight schedule, but I would be much grateful if your library staff may render any assistance.

Thank you in advance.

Sincerely yours,

Tsutao Katayama
Dean
Doshisha University Library

KAMIGYO-KU, KYOTO 602-8580 JAPAN · TEL+81-75-251-3960 · FAX+81-75-251-3074

確認がとれ次第、図書館長等の直筆サイン入り欧文紹介状をもって、いざ出陣ということになる。では、こうした外国の図書館や史料館を訪れる際のポイントは何なのか？

今後挑戦する人たちのために、いくつか留意点を指摘しておきたい。

†利用のための事前練習

この本のいちばん最初に、図書館がゴーマンな理由を説明した。そこでは、図書館特有の用語が利用者に耳慣れないこと、そして隠語のような専門用語に困惑してしまうことを原因にあげた。これは外国に行っても同じことである。勢いこんで現場に乗り込んでも、慣れない外国人にとって、図書館の窓口で交渉して資料を出してきてもらうときは、いつも心臓がドキドキするものだ。

対処法としては、図書館員用アンチョコを利用することを勧めたい。これを使えばあなたも大丈夫だ。古林洽子ほか著『図書館員のための英会話ハンドブック 国内編』(日本図書館協会、一九九六)、京藤松子ほか著『図書館員のための英会話ハンドブック 海外旅行編』(同、一九九一) がそれである。

特に参考になるのは、前者の国内編だ。外国人が日本の図書館を訪れた場合を想定して、どう英語で答えるかを実例を用いて解説している。

これらの資料の配架場所を教えていただきたいのですが。

Can you tell me where these materials are shelved?

この本とこの雑誌を探しています。どうしたら見つかりますか。

I'm looking for this book and these periodicals. How can I find them?
マイクロ出版物のペーパーコピーはできますか？
Can you make paper copies from microforms?

こうした会話例を覚えて外国の図書館で使えば、そのまま通じるというわけだ。このハンドブックを参照すれば、日本でいう単行本は monograph(s)、雑誌は periodical(s) など、英語での表現が即理解できる。図書館員だけが利用するのではなく、海外の図書館を訪問する人には役立つツールとなる。電子情報源やインターネット関連用語も加えた改訂版が望まれるが、基本線は変わらないので一度目を通してもらえばよいだろう。

†現地の図書館員をあらかじめ探す

これは、あまり教えるべきことではないかも知れないが、現地の日本人図書館員（というか日本語のわかる図書館員）を探して、助言を仰ぐこともたまにはある。私の場合、国際交流基金の発行しているディレクトリ（名簿）をありがたく活用させてもらっている。

例えばヨーロッパの場合は、*Japanese Studies in Europe*（1999）という二巻本が出ている。第一巻は日本研究スペシャリストの巻で、大学を含む各研究機関に所属する教員及び図書館員がリストアップされている。第二巻では、日本研究を行う大学及び研究機関の住所、カリキュラムや図書館の概況が掲載されており、欧州で仕事をしている図書館員が一目瞭然である。

私の場合は、現地に出かけ困ったときの備えとして、訪問先大学の日本人図書館員リストのページを複写して持参することにしている。実際多くの助言を仰ぐことができ、資料調査を有意義なものにすることができた。国際交流基金は、世界中の地域についてこの種のディレクトリを作成してくれている。訪問先が米国であれば、*Directory of Japan Specialist and Japanese Studies institutions in the United States and Canada*（1995）を利用すればよい（国際交流基金に問合せたところ、現在名簿の改訂を進めており、近い将来インターネットでの公開を予定しているとのことであった）。

†必ず問われる「利用目的」

「ではまず、あなたが我々の図書館を利用しにこられた理由、研究テーマと利用したい資料との関係を説明してください」

相手の初老の男性は、物腰柔らかく、しかし毅然と私に質問を投げかける。

「は、はい。実はウイリアム・ブレイクの初期の、か、刊本をみることが必要で……、具体的に調査したところ、その第二版がこちらで所蔵されていることを確認しました。このため、オックスフォードのボドリアン・ライブラリーの利用が、さ、避けられません」

自分の背中に汗が伝っているのが、はっきりわかる。日本からの紹介状を持ち、英文利用申込書にも記入して、これで利用は了承かと思いきや、別室でまた面接を受ける。

ここは、オックスフォード大学ボドリアン図書館。利用許可をもらうためのアドミッション・オフィスでの一齣である。世界中から利用者が訪ねてくる英国の図書館には、こうした面接がつきまとう。利用許可をもらうのに、世界からやって来た利用者が面接の順番を待つため、待合室に座っている。こうした風景はロンドンにある大英図書館でも同じだ。

二〇〇一年夏、NTT西日本や凸版印刷など民間企業との共同グループで、電子図書館調査を目的に大英図書館を訪問する機会に恵まれた。その際、利用審査の事情を大英図書館電子図書館プロジェクト室長（当時）のグラハム・ジェフコート氏に教えていただいた。彼はいう。

「大英図書館の利用メンバーとして合格している人は、世界に一万五千人います。そのうち二千六百名が常時利用している人たちです。その程度しか利用証を発行しません」

その説明の際、私が持っている大英図書館利用カードをポケットから取り出し、参加した調査隊のメンバーの前で見せた。

「あなたは、持っているのですか？　大英図書館の利用カードは、クレジットカードよりも大事ですからね！」とジェフコート氏が真顔でいうではないか。冗談で言ったのかもしれないが、このとき自分が大英図書館のアドミッション・オフィスで面接されたときの狼狽ぶりを思い出し、苦笑してしまったものだ。

大英図書館は所蔵資料の希少性と重要性から、全世界から訪れる利用者が絶えることがない。しかし、数多い利用者を世話するには限られた人員では限界があることも事実だ。政府からは余分な人員を雇用できるほどの財政援助も望めない。このため、大英図書館でしか調査できない利用目的を持って来館する利用者に、サービス対象を絞っているのだ。

大英図書館の利用申込説明（http://www.bl.uk/services/reading/admissions.html, accessed 2004-2-14）には、大英図書館以外の図書館では適切な資料提供が望めず、希望する資料を使わねばならない正当な根拠を示せることが利用の前提である、と断り書きが示されている。実際、アドミッション・オフィスにいくと、利用申込者はこの点について面接を受けなければならない。私も取得の際、しどろもどろで面接の質問に答えたものだ。

また、英国外の学部学生であれば、大英図書館を利用する必要性を書いた紹介状が必要になる。この紹介状を作成してくれるのもまた、あなたのホームライブラリーなのだ。

ながながと相互利用について語ってきたが、少し探して「ない」と諦めるのは、資料探索の世界では愚の骨頂であることを理解いただけたことと思う。

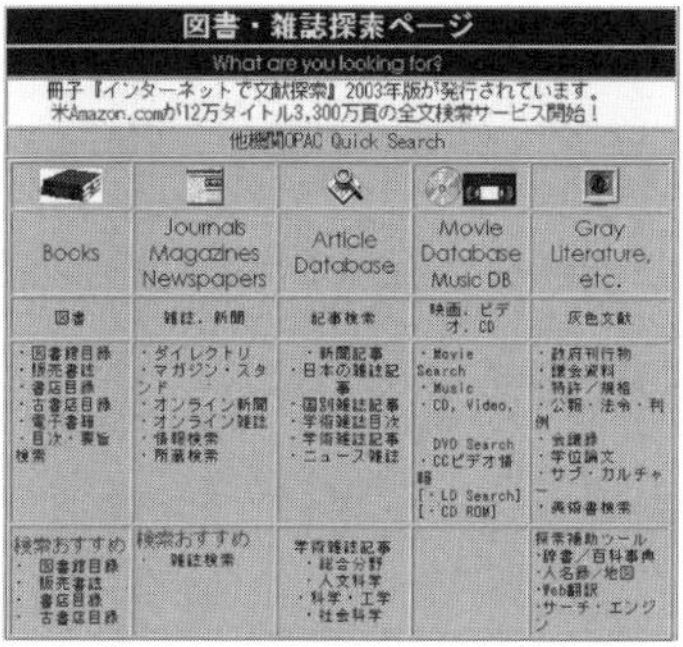

終章 電子情報とのつきあいかた

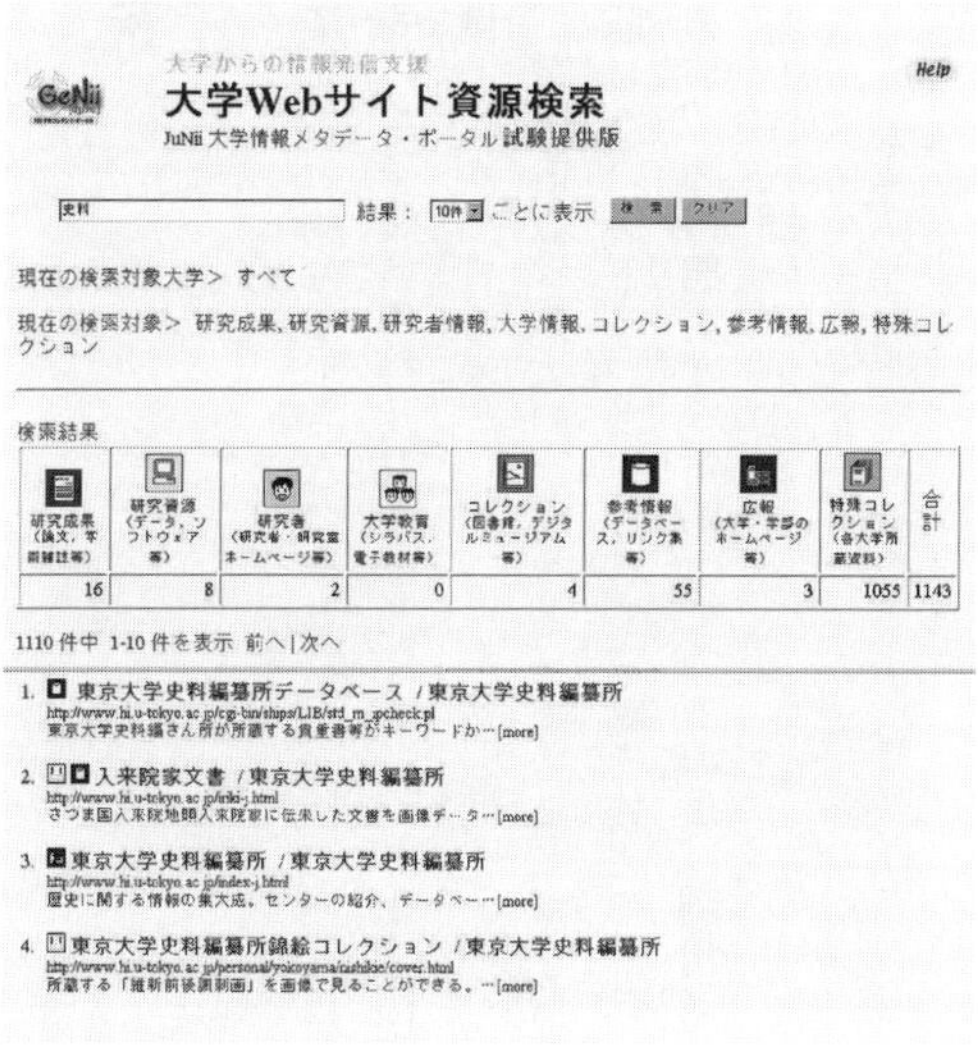

上：実践女子大学図書館「図書・雑誌探索ページ」
下：国立情報学研究所「大学Webサイト資源検索」

1 電子情報に対する図書館の対応

これまで図書館や資料を利用する楽しさを紹介してきたつもりだが、話の内容は伝統的な印刷冊子体の資料を主とし、補助的に電子資料に言及した程度であった。まず図書館に慣れ親しむには、その方がよいと判断したからである。

しかし、インターネットをはじめ、電子情報は拡大の一途を辿っている。電子情報の活用方法について述べることは他日を期したいが、まったく触れずに話を終えるわけにもいかない。この章では今後の展開も含めて、図書館がどう対応しているのか、利用者はどのようにつきあえばよいか、私見を披瀝して大団円を迎えたい。

†信頼性ある電子情報の組織化

インターネット上にある電子情報はいくらでも捏造が可能であり、簡単に発信することができる。信頼に足る情報かどうかは、該当分野の専門家がどの程度認知しているかを判断基準にするのがいちばん堅い。また典拠を明確に示し、査読の審査を通過し、編集・校閲を経て公開された情報であるかも重要なポイントだ。大学図書館が競って提供している電子ジャーナルやデータベースは、その意味で信頼性の高い電子情報源である。

図書館側から信頼度の高いインターネット情報源を紹介した本はいくつかあるが、まずは文献探索の視点に絞って編集された、実践女子大学図書館編『インターネットで文献探索二〇〇三年版』（日本図書館協会、二〇〇三）を読者にお奨めしておきたい（リンク集サイトとして公開しているものは、http://www.jissen.ac.jp/library/frame/ 終章扉上）。

内容は、図書館が扱う図書・雑誌・新聞などについて調査研究に役立つ世界のサイト（原則として無料）を整理して紹介したもので、図書館関係者は重宝なガイドブックとして利用しているようだ（この本は、二〇〇三年度私立大学図書館協会協会賞を受賞している）。

第4章で説明した日本の雑誌記事索引類であれば、社会学関連文献をインターネットで検索できる「社会学文献情報データベース」（http://wwwsoc.nii.ac.jp/jss/db/）、女性やジェンダー研究情報をまとめた「国立女性教育会館文献情報データベース」（http://www.nwec.jp/）、服飾に関連する雑誌記事が検索できる「国立民族学博物館・身装文化データベース」（http://www.minpaku.ac.jp/htdocs2/database）など、有用なサイトが網羅的に紹介されている。

編集の中心的役割を果たした伊藤民雄氏の話では、情報サイトの信頼性を判別する方法としては、図書館界や各学界で定評のある印刷冊子体の資料を洗い出し、その電子版を探すことにあったという。つまり、印刷冊子体で発行されていた定評ある資料の多くは、インターネット時代にも電子化公開されているはずだと考えたのだ。

第5章で紹介した『国立国会図書館月報』掲載記事などの中で紹介された確かな文献がインターネット上に公開されていないかを、検索エンジンをつかって丹念に調査した経過を語っている姿が印象的であった（INFOSTAセミナー講演「インターネットで文献探索」、東京・機械振興会館、二〇〇三年二月二十二日）。

このように、図書館の世界では信頼性の高い有用な電子情報を利用者に配信することを基本姿勢としている。国立情報学研究所（NII）でもいろいろな試みが始まっている。そのひとつに、大学Webサイト資源検索／試験提供版（http://ju.nii.ac.jp/）がある。

全国の大学・研究機関等が電子化しインターネット上に公開している研究成果等に対し、印刷本と同じように目録を作成しデータベース化したものがこのサイトである。現在約六万件のデータが蓄積されている（終章扉下）。

大学発行の電子ジャーナル、予稿集、シラバス、貴重書データ、統計などが対象となっており、標題・作者名・公開機関・主題情報（キーワード）・概要説明から検索できる。

電子情報源の内容、著者の信頼性、情報の鮮度といった学術的視点から一定の評価基準をクリアしたものが登録されており、それらはロボットやコンピュータではなく図書館職員たちが内容を点検して採録したものだ。印刷冊子体の資料に目録を作成していた経験を活かし、電子情報やインターネット上の学術的サイトにも目録を作成して検索に供するものだ。まだ試験提供段階であるが、今後の充実に期待したい。

また、国立国会図書館は公共・大学・専門の各種図書館と協同し、「レファレンス協同データベース実験事業」を開始した。レファレンス・サービスの質問回答事例を精選したうえでデータベース化し、主題キーワードや分類から検索できるようにしたシステムの登場だ。図書館が「質」を保証する「調べ方」の実例データベースを構築するというものである。既に参加館が事例を入力しており、二〇〇五年には一般公開の予定と聞く。今後の展開が楽しみである。

†外部電子情報の取り込みと機能改良

第3章で展開した目録類にも新たな展開がみられている。NACSIS Webcat を改良した Webcat Plus などはその典型であろう（http://webcatplus.nii.ac.jp/）。

Webcat Plus は NACSIS Webcat に次の二点の機能を付加している。内容をみてみよう。

図表29　Webcat Plus 連想検索　簡略表示画面

図表30　Webcat Plus 連想検索　詳細表示画面

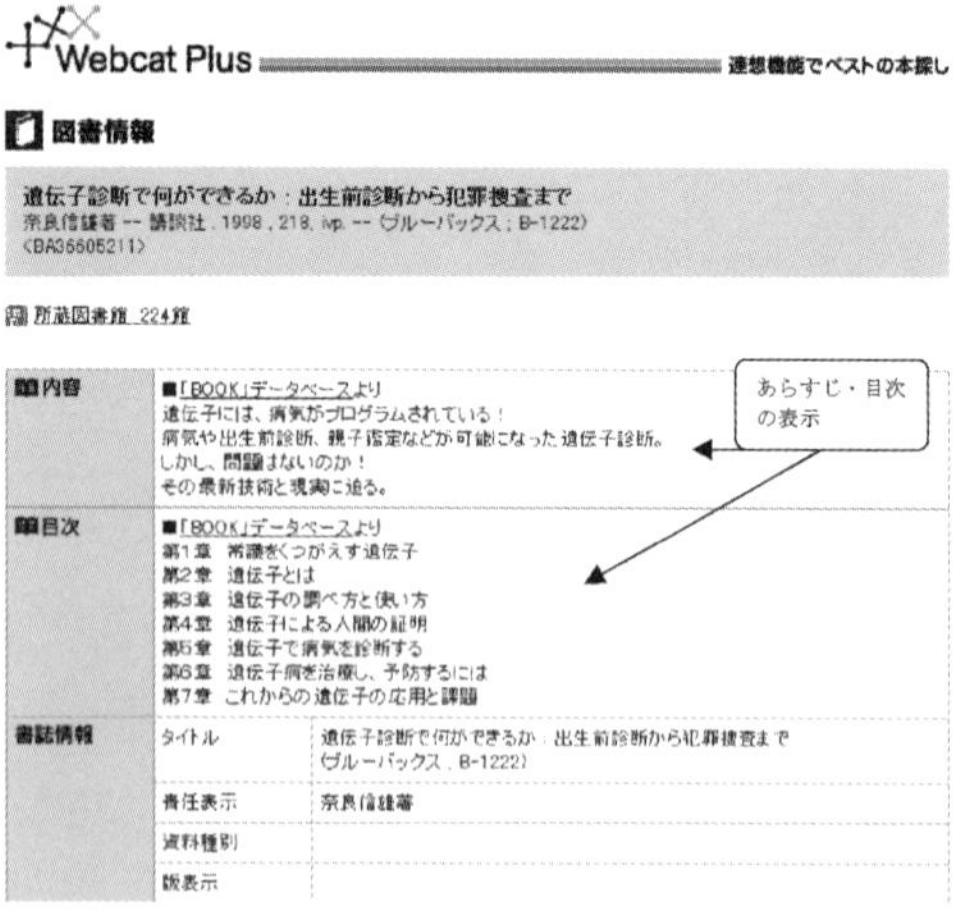

(1)連想検索機能・関連語ワード一覧の付加（図表29）

一般に、検索の際に適切なキーワードを選択するのは難しい。また、最初に思いついたキーワードに囚われ、それ以外の適正キーワードを思い起こすことも難しい。

Webcat Plusは、入力したキーワードに対してシステムの側で関連するワードを自動的に付加して漏れなく検索しようとする試みである。また右フレームに「関連ワード」の一覧を表示してくれるので、自分が気づかなかった関連の深いキーワードを確認して、次の検索へと移る支援となる。

(2)目次・あらすじ情報の付加（図表30）

書籍取次、出版社、書店等が協力して作成している和図書の目次・あらすじデータを入手して、検索システムに組み込んで従来の書誌情報に加えて表示する。目次・あらすじを見られることで、従来の目録よりも一歩本の内容に近づける目録となっているわけだ。また、目次・あらすじデータに含まれるキーワードは検索の対象ともなっている。外部作成の関連データを取り込み、検索対象・表示対象とすることで、資料を探索する際に多くの参考情報を提供するものだ。

これをみると、OPACや総合目録のコンピュータ検索は、目録の初期機能である比較・評価のための書誌・所蔵情報の提供に加え、検索利用者を次の情報へと導くブラウジング志向を取り始めていることがわかる。

私には、検索システムの設計や検索エンジンの定義、プログラミングに従事した経験があるので、印刷冊子体と電子媒体両者の弱点を知っているつもりだ。コンピュータを使うことで〝点〟でしか探せない弱点や限界を、新たなＩＴ技術の駆使と外部電子情報を取り込むことで克服しようと図書館は努めているのだ。

よりユーザーフレンドリーで、信頼ある外部電子情報を巧みに取り込んだ目録検索システムが、近い将来出現するはずである。

†図書館のスタンス

読者は今後図書館を利用するにあたって、伝統的な印刷冊子体の資料世界と電子情報源の資料世界の両方を操って、学習や研究を進めることになる。

もちろん両者は敵対するものではないし、優劣を競うものでもない。ただ、情報が盛られている器の種類によって長所短所を見極め、時と場合によって相互補完的・横断的に使いこなす手綱さばきを身につけてほしいのである。これからは、印刷冊子体で蓄積された資産と電子情報を併用したハイブリッドな利用こそが、利用者の課題となるのだ。

記号学者であるウンベルト・エーコは、印刷本がなくならないことについて「自動車は自転車より速く走りますが、自転車は廃れていません」（「名作は書きかえできません」『季刊本とコンピュータ』二〇〇四年春号）と上手な比喩をつかって説明している。

たしかに自動車が世の中に登場したからといって、自転車が消えたわけではない。また、自転車が発明されたからといって、徒歩を選ぶ人がなくなったわけでもない。逆に、自転車でなければ見えてこない世界、徒歩でなければ感じ取れない世界がある。

資料・情報の世界も同様だ。印刷冊子体、電子情報、インターネット情報などが並存して存在し、既に図書館もハイブリッドライブラリーとなっている。

この環境のもとでも、図書館は独自のスタンスを保持している。図書館は電子情報を対象にした場合でも、評価・信頼性が高い情報を組織化（ポータル化）し、利用者が容易にアプローチできるような配信方法を求めて努力を重ねているのだ。伝統的なノウハウを活かし、電子情報にあってもセレクトショップの機能をふんだんに発揮し、総合的な資料・情報コンサルタントであろうとしているのである。

Yahoo！やGoogleといった一般の検索エンジンを利用して探すよりも、図書館側が作成し、あるいは見つけて整理した学術サイトを利用した方が、「調べ、書く」ための文献や情報が容易にかつ安全に入手できる。図書館というフィルターを通すことで、利用者により適切な資料・情報へのアクセスルートを提供する。電子情報についても「図書館に訊く」ことが賢明なようである。このことを忘れないでもらいたい。

2　図書館をよくすること、限界を知ること

†利用者こそが図書館を育てる

よく図書館員の専門性の必要条件として、①利用者を知ること、②資料を知ること、③利用者と資料を結びつけることの三点があげられる。しかし実のところ、管理側にはいってしまうと、図書館員が、いや図書館学が、資料からも利用者からも最も遠い存在かもしれないと危惧を感じるときがある。灯台下暗し――。

お仕着せの利用者サービスを必死で論じている一部の図書館員の姿を見るたびに、寂しく感じるのは私だけだろうか。

それゆえに、私は図書館員が嫌いである。図書館学はもっと嫌いである。しかし、図書館は大好きなのだ。不謹慎な言い方かもしれないが、私は図書館サービスのプロを目指すというよりは、図書館利用のプロになることばかり考えて過ごしてきた。利用のプロにならなければ、サービスのプロになることは難しい。

つまるところ、利用者がモチベーションを持って利用し、図書館に問いかけない限り、図書館はよくならないのだ。図書館を生かすも殺すも、問いかける利用者自身であって、図書館側からの改善だけでは厳しいものがある。医者が患者に、教師が生徒に育てられるように、図書館も利用者によって育てられる。つまり、図書館は相互教育の場であるのだ。

私は図書館という存在自体が、「人類の巨大なレファレンス・ブック」であると考えている。図書館所蔵の資料、アクセスのための目録、レファレンス・サービスなど、モノとヒトの総合的な知識の索引として存在しているといってよい。利用者から訊かれることがなければ、巨大な索引の進化はないし存在意味もない。だからこそ、利用者に対して「図書館に訊け」と呼びかけたいのだ。

†図書館調査は、研究プロセスの前段階

最後に皮肉なことをいうが、図書館利用で得られる情報など結局は研究の前段階レベルに過ぎないことを心得ておいてほしい。

本来は、そのあとに実地検証であるフィールドワークがあり、自然科学系であればラボラトリーでの実験があり、分析・考察が加わってはじめて新たな創造が可能になる。図書館で調査した内容などは、研究のとば口に立つためのものにすぎない。

「人の書いたものは二次情報ですから、みんなゴミ情報ですよ」（上野千鶴子「II情報の整理」アミューズ編『名人・苦労人50人の整理法をぬすむ』毎日新聞社、一九九七）とは何と鋭い言葉であろう。

単なる受け売り情報の利用や知識のパッチワークに終わらないようにするには、ライブラリーワークに加え、フィールドワーク、ラボラトリーワークなどその先の作業が不可欠だ。

大学入学直後に出席した一般教育科目「考古学」で、担当の考古学者・森浩一教授から面白い話を聴いた。

その時の講義テーマは弥生時代の高地性集落であった。弥生時代の中期から後期に瀬戸内海沿岸に出現した古代の環濠集落は、「なぜこんなところで生活できたのか」と疑念をもつほど高地にある。それも、少人数が一時的に利用したキャンプではなく、一定期間集団で住みついた防御的、見張り台的な性格を持った集落であった。邪馬台国の卑弥呼の時代に「倭国大乱」状態に陥ったと記す『魏志』倭人伝の記録を援用し、倭国戦争状態の際の避難場であると論じる学者もいる。この高地性集落の講義で、彼は言い放った。

「こないだ東京大学の大学院生が電話してきたんや。論文や本を読んで『先生、高地性集落の定義は何ですか？　標高何メートル以上が高地性集落に該当するのですか』と。『君、登ったことあんの？　ないんか。そしたら、両手にバケツ一杯の水持って、どこでもいいから高地性集落の遺跡に登ってくれへんか。登っていってフーフー息が切れたら、標高に関係なくそれが高地性集落や』と答えといた。諸君、モノゴトは身体で覚えるんや」

身体で検証し、自分の身に滲みこませた経験知しか信じない彼の真骨頂がよくでていた。書いたもので得られた知識や情報ですべてだと思うのは、大間違いなのだ。図書館で手に入れた知識などものの数にはいらない。むしろ、調べ上げたところで、ようやく研究作業の緒に就いたところであることを最後に申し添えておきたい。

利用者の視点から資料や情報に接する楽しさを伝える、との意図でこの本を書いてきたが、趣旨が実現されているかどうか甚だ心もとない。この本を読んでせっかくだから自分の大学図書館を覗いてみようか、あるいは図書館で調べものをしてみようという人が増えれば、私としては、以て瞑すべしである。

これからも精進して図書館の「アジな利用者」——味とアジテーションを重ねたい——になりたいものだ。そうした利用者仲間の増加を念じつつ、本稿を閉じることにする。

ちくま新書
486

図《と》書館《しょかん》に訊《き》け！

二〇〇四年八月一〇日　第一刷発行
二〇二三年一二月二〇日　第一三刷発行

著者　井上真琴（いのうえ・まこと）
発行者　喜入冬子
発行所　株式会社　筑摩書房
東京都台東区蔵前二‐五‐三　郵便番号一一一‐八七五五
電話番号〇三‐五六八七‐二六〇一（代表）
装幀者　間村俊一
印刷・製本　株式会社　精興社

ISBN978-4-480-06186-7 C0200